を使って、先生らくらく！

かわいい
保育グッズの
つくりかた

自由現代社

毎日大忙しな保育現場の先生方。

こどもたちが喜ぶかわいい飾りや保育グッズを作りたい！と思っても
なかなか時間がとれない…、そんなお悩みも多いのではないでしょうか？

そんな先生方を少しでもお手伝いできたらと、カンタンに作れてかわいい
保育グッズを集めました！

シンプルなものでも、カラフルでかわいいマスキングテープを貼るだけで
こどもたちも大喜びのかわいい保育グッズに大変身！
そんな便利な"マステ"のちょこっとアイディアを、ぎゅっと詰め込みました。

作りながらクスっと和んじゃうようなグッズたちばかりなので、
息抜きにも活用しながら、保育に向かうパワーにしていただけたら嬉しいです。

イシグロフミカ

マステを使って、先生らくらく！
かわいい保育グッズのつくりかた

CONTENTS

マスキングテープの特徴	4
型紙の使い方	5
園内をデコレーション！	6
カードをつくろう！	38
こどももつくろう！	62
型紙集	86

★ オリジナルマスキングテープについて

 【A-おえかき】 【C-夏の海】

本書では上記マークにて、著者オリジナルマスキングテープ（詳しくは巻末に）を使うことがあります。その際は【セット名-名前】が掲載されています。お持ちでない方は、別のマステを使って頂いても構いません。

★ カラーページのアイコンについて

カラーページで紹介する材料は、マステ以外のメインで使うもののみです。全ての材料は「つくりかた」のページに掲載してあります。

つくりかた P.8　画用紙　モール

※本書では白画用紙、色付きの画用紙ともに統一して「画用紙」と表記しています。

園内をデコレーション！

ワクワク！マンスリー壁面飾り	6
ユラユラモビール飾り	14
カラフルガーランド飾り	14
園内にあるものをデコレーション！	15
画用紙にぎやかプレート	18
ラベルシールプレート	19
ウキウキ紙皿プレート	19
動物コックさんの給食こんだてボード	22
カラフルおしらせボード	23
ワクワクおたより帳入れ	26
ネコちゃんのペン立て	27
かわいい小物入れ	27
うきうきハッピーバッジ	30
しっかり支えるペーパーウェイトさん	31
ペンギンさんのハンドソープ入れ	31
なかよしクマくんカレンダー	34

How to make lovely childcare goods

カードをつくろう！

- ◆暑中お見舞いはがき
  - モコモコ入道ぐもはがき ……………… 38
  - シロップのかき氷はがき ……………… 39
  - ひんやりあまい！アイスクリームはがき …… 39
- ◆年賀状
  - ワクワクお正月はがき ………………… 42
  - 毛糸でくるりんコマはがき …………… 43
- がんばったね！カード……………………… 46
- 大きないちごのバースデーカード………… 47
- 入園おめでとう！ペンダント……………… 50
- 卒園おめでとう！カード…………………… 51
- ◆メッセージカード
  - 元気いっぱい！Tシャツカード ……… 54
  - ニコニコこどもカード ………………… 55
  - 動物さんの原っぱカード ……………… 55
- ◆行事のプログラム
  - にっこりクマさんの発表会プログラム …… 58
  - ヒラヒラさくらの入園式プログラム ……… 59
  - キラキラ太陽の運動会プログラム ………… 59

こどももつくろう！

- カーネーションの小物入れ（母の日プレゼント）…… 62
- ネクタイ型のストラップ（父の日プレゼント）… 63
- 似顔絵の壁飾り（敬老の日プレゼント）…… 66
- 元気いっぱい！こいのぼり………………… 67
- 夜空にキラキラ七夕飾り…………………… 70
- 雪だるまサンタさんのクリスマスリース…… 71
- なかよしひな人形…………………………… 74
- 紙袋でカラフルななめがけバッグ………… 75
- レジ袋でふわふわ手さげかばん…………… 75
- 2wayブレスレット………………………… 78
- カラフルめがね……………………………… 78
- クラフトドーナツ…………………………… 79
- フラワーペーパーパフェ…………………… 79
- ◆つくって！あそんで！楽しもう！
  - うさぎさんのにんじんキャッチ！ ……… 82
  - くるくるまわそう！ブンブンごま ……… 83
  - シャカシャカ鳴らそう！ペットボトルマラカス…… 83

マスキングテープの特徴

マスキング・テープ（本書では略して「マステ」と呼びます）は元々、建築現場で使われていました。それが次第に人気が出て、今や100円ショップなどでも売られ、人気雑貨となっています。そんなマステの大きな特徴をここでは紹介します。

 point 1　手でちぎれる！

はさみやカッターなどが必要なく、こどもにもとっても安心です。

 point 2　はがせる！

ビニールテープやセロテープは一度貼ると、はがすのが大変ですが、マステはかなりはがしやすい素材です。失敗してもやり直せたり、丸いものなどにも貼りやすいです。はがす際にはカッティングマット（※1）などの上で貼るようにするといいです。

（※1）カッティングマットなどの上で貼るとはがれやすい。

 point 3　裏が透ける！

一見、デメリットのようですが、これもマステの特徴なんです。わざと裏を透かせて見せるのもポイントです。

 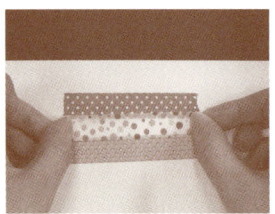

何枚か貼るときは、間を開けて、　　上下のマステに重ねるように貼ると、裏が透けます。

point 4　柄がたくさん！

皆さん、ご存知の通り、いろんな種類のものがありますよね。アイディア次第でいろんなグッズに早変わりしちゃいますよ！

★**保育グッズに使うマステ選び**

市販のマステは淡い色・柄など、オシャレなものが比較的多いです。ですが、保育グッズには、**原色、鮮やかな色、こどもの好きなモチーフ（水玉や星の柄、はっきりしたストライプなど）** などを中心に選ぶようにすると、かわいく仕上がります。

型紙の使い方

本書は P.86 から、グッズをつくるために必要な型紙が付いています。
型紙の使い方はいろいろですが、ここでは 2 種類のやり方を紹介します。
また、各項目最後の【それぞれのパーツを貼る】は、パーツが細かすぎる場合は手で描いても構いません。

★なぞって写す

1. 該当するページの型紙を好きな大きさに拡大し、コピーする。

2. 使用する型紙の箇所を切りとる。

3. 使う紙（画用紙や段ボールなど）をコピーした型紙の下に敷き、上からペンなどで強くなぞって、跡を付ける。

4. 3 で付いた跡に合わせて切りとり、それぞれのパーツを完成と同じになるように貼り合わせる。

★一緒に切る

1. 該当するページの型紙を好きな大きさに拡大し、コピーする。

2. セロテープなどで使う紙とコピーした型紙を重ねて軽く貼り、型紙に合わせて 2 枚とも切りとる。

3. 3 で切ったそれぞれのパーツを完成と同じになるように貼り合わせる。

・その他に…

まずは型紙を原寸でコピーし、それから使用するイラストを切り取り、拡大すると無駄なく使えます。
型紙なので色は付いていませんが、細かい（小さい）ものの場合、印刷して色を塗って使用することもできます。

ワクワク！マンスリー壁面飾り

基本のキャラクターは一緒で、季節を表すものを取り替えてつくる、実用性の高い壁面飾りです。基本キャラクターも飽きさせないように、表情・動きを変えるといいでしょう。

月ごとのキャラクターは、色違いをつくったり、同じものを何個かつくったりして、周りに貼ったり、メインキャラクターに持たせたり、かぶせたり…。またキャラクターを大きくして、メインキャラを乗せたりしてもかわいいです！

メインキャラクター七変化 (型紙は P.86-87)

型紙に目、口、足のいろいろなパーツがあります。それを変えて、いろんな表情、動きが出せます。同じキャラクターでも月ごとに変化があると、こどもたちも気づいて、喜んでくれそう！！

表情が変わる！

動きも変わる！

4
April
ちょうちょ

つくりかた P.8　画用紙　モール

5
May
こいのぼり

つくりかた P.8　ペーパー芯　折り紙

園内をデコレーション！

6
June
かたつむり

つくりかた P.8　画用紙　綿ロープ

7
July
七夕飾り

つくりかた P.9　コピー用紙　折り紙

-7-

壁面キャラクターのつくりかた

【4月 − ちょうちょ】

用意するもの　・マステ　・画用紙（黄）　・モール　**型紙（P.88）**

1. 型紙に合わせて画用紙を切る。

2. マステを貼り、はみ出した部分を切る。

3. 中央を折り、立体感を出す。

4. 裏にモールを貼って、ちょうちょの触覚にする。

【5月 − こいのぼり】

用意するもの　・マステ　・トイレットペーパーの芯　・折り紙　・画用紙　**型紙（P.88）**

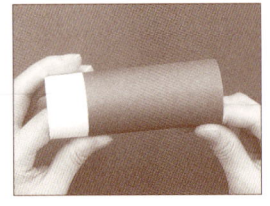
1. ペーパー芯の3/4程度に折り紙を巻いて貼る。

2. 型紙の目を画用紙でつくり、貼る（ペン描きでも可）。

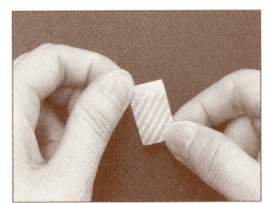
3. 粘着部分を残して、残りを半分に折って貼る。

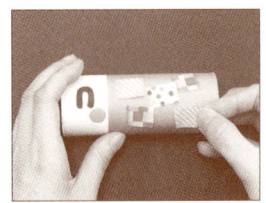
4. 3を何種類か作り、2に貼る。

【6月 − かたつむり】

用意するもの　・マステ　・画用紙　・綿ロープ　**型紙（P.88）**

1. 型紙に合わせて画用紙を切る。

2. マステを貼って、殻の模様にする。

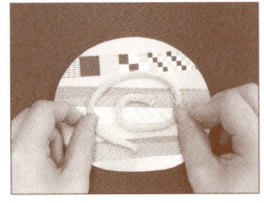
3. ボンドで渦巻きを描き、その上に綿ロープを貼る。

4. 型紙に合わせてつくった他のパーツと貼り合わせる。

【7月 — 七夕飾り】

用意するもの	・マステ　・コピー用紙　・折り紙 ・クラフトパンチ

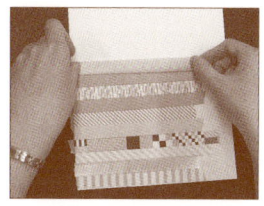  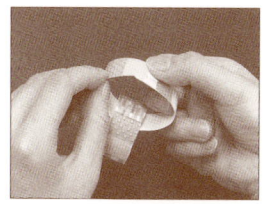 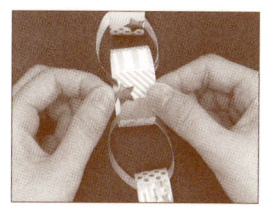

1. コピー用紙にいろいろなマステを貼る。
2. 2cm幅くらいに細長く切る。
3. 輪にして貼り、つないでいく。
4. 折り紙をクラフトパンチで星形に抜き、輪に貼る。

【8月 — アイスクリーム】

用意するもの	・マステ　・画用紙（白、茶系など） ・**型紙**（P.88）

1. 型紙に合わせて画用紙を切る。
2. いろいろなマステを貼り、はみ出した部分を切る。
3. 型紙に合わせてつくったコーンの画用紙に貼る。

【9月 — どんぐり】

用意するもの	・マステ　・画用紙（白、茶系など） ・**型紙**（P.88）

1. 型紙に合わせて画用紙を切る。
2. いろいろなマステを貼り、はみ出した部分を切る。
3. 足のパーツにもマステを貼り、他のパーツと貼り合わせる。

8
August
アイスクリーム

つくりかた P.9　画用紙

9
September
どんぐり

つくりかた P.9　画用紙

10
October
きのこ

つくりかた P.12　工作紙　ペーパー芯

11
November
キャンディ

つくりかた P.12　画用紙　ストロー

12 December
つくりかた P.12　空き箱　画用紙

プレゼント

1 January
つくりかた P.13　段ボール　画用紙

こま

園内をデコレーション！

2 February
つくりかた P.13　画用紙　折り紙

オニのつの

3 March
つくりかた P.13　画用紙

ひなまつり

【10月 - きのこ】

用意するもの
・マステ ・工作紙（緑）・トイレットペーパーの芯
・モール、ボンテン ・型紙（P.88）

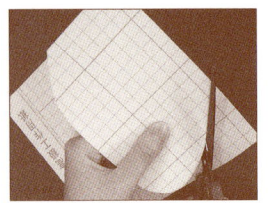
1. 型紙に合わせて工作紙を切る。

2. きのこの傘部分にマステ、モールやボンテンなどを貼って模様にする。

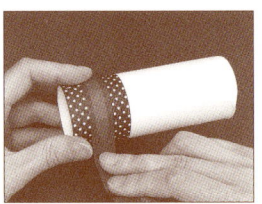
3. ペーパー芯の下部分にマステを貼って、きのこの足にする。

4. 傘と足を貼り合わせる。

【11月 - キャンディ】

用意するもの
・マステ ・画用紙
・ストロー ・型紙（P.89）

1. 型紙に合わせて画用紙を切る。

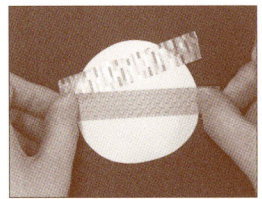
2. いろいろなマステを貼り、はみ出した部分を切る。

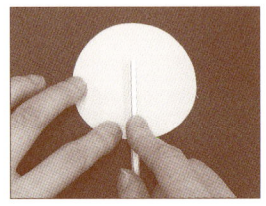
3. 2の裏側にストローを貼る。

★他のキャンディのつくりかた
他のキャンディは1、2までは工程が一緒で、3「マステを貼ったりしてつくった他のパーツと貼り合わせる。」になります。

【12月 - プレゼント】

用意するもの
・マステ ・空き箱 ・画用紙（緑、白）
・型紙（P.89）

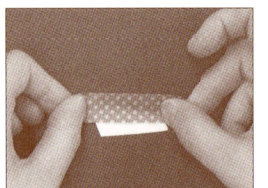
1. 空き箱に画用紙（包装紙でも可）を貼り、金マステの上に赤などのマステを貼る。

2. 型紙に合わせて切った画用紙にマステを貼り、はみ出した部分を切る。

3. 2の端を折り、のりしろをつくる。

4. 3ののりしろ部分を1の箱の上部に貼る。

【1月－こま】

| 用意するもの | ・マステ ・段ボール ・画用紙 ・**型紙**（P.89） |

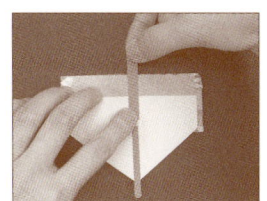

1. 段ボールを型紙に合わせてコマの長方形に切る。

2. マステを貼り、はみ出した部分を切る。

3. 型紙に合わせてつくった画用紙の各パーツを貼り合わせる。

【2月－オニのつの】

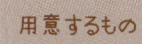

| 用意するもの | ・マステ ・画用紙 ・ホログラム折り紙 ・**型紙**（P.89） |

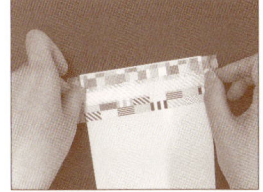

1. 画用紙にいろいろなマステを貼る。

2. 型紙に合わせて切る。

3. 画用紙にホログラム折り紙を貼ってつくった「つの」パーツを2の裏側に貼る。

【3月－ひなまつり】

| 用意するもの | ・マステ ・画用紙 ・**型紙**（P.89） |

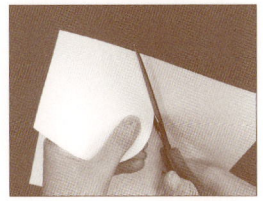
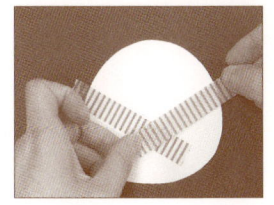

1. 型紙に合わせて画用紙を切る。

2. 写真のように衣装となる位置にマステを貼り、下の部分もマステを貼って、埋めていく。

3. 各パーツをつくり、貼り合わせる。

※「おだいりさま」も同様に作ります。

-13-

ユラユラモビール飾り

つくりかた P.16　画用紙　ヒモ

天井からつるされる動物や野菜たち。ユラユラする様子がとってもかわいい！

カラフルガーランド飾り

つくりかた P.16　ヒモ

壁やドア、また棚などのちょっとしたスペースに飾るとかわいさが引き立ちます！

園内にあるものをデコレーション！

つくりかた P.17　画用紙

園内のカレンダー、スイッチ、時計を、よりかわいく見せます。
ネズミさん、ぶたさんの"ちょこっと"覗いている感じがポイント！

ユラユラモビール飾り
のつくりかた

| 用意するもの | ・マステ　・画用紙
・ヒモ　・型紙（P.90） |

1. 画用紙を型紙に合わせて各パーツをつくる。

2. 顔以外の各パーツにマステを貼る。

3. 各パーツにキリで穴を空ける（中のパーツは上下2ヵ所）。

4. 穴にヒモを通して玉結びをし、各パーツをつなぐ。

カラフルガーランド飾り
のつくりかた

| 用意するもの | ・マステ
・ヒモ |

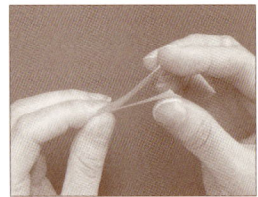

1. マステを半分に折り、折り線を付ける。

2. 1の折り線に沿って、ヒモを挟むように貼る。

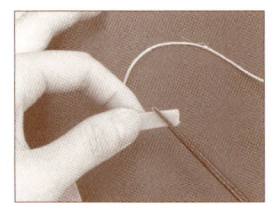

3. 旗の形をリボン型にはさみで切って調整する。

4. 1〜2同様にし、三角（写真）や四角の形のものもつくる。

園内にあるものをデコーレーション

用意するもの
- マステ
- 画用紙（青、ピンク、黄、赤など）
- **型紙（P.90）**

【スイッチカバーをデコレーション！】

1. スイッチカバーに（同系色の）マステを貼る。

2. 「ネズミ」の顔の部分を型紙から画用紙でつくり、貼る。

3. しっぽもつくり、貼る。

【カレンダーをデコレーション！】

 【A-旗】

1. カレンダーの下部分に広告などがあったらコピー用紙などで隠してもOK。

2. カレンダーの下部分に【旗】マステを貼る。

3. 「ぶた」の型紙を画用紙でつくり、カレンダーの裏の壁に直接貼る。

4. 手のパーツをつくり、付け根の部分を壁に貼り、手の先でカレンダーを挟むようにする。

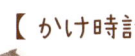

【かけ時計をデコレーション！】

1. 型紙に合わせて画用紙で「ぞう」をつくり、時計の上の壁に直接貼る。

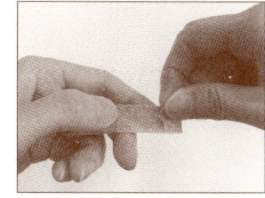
2. マステをのりしろ部分を残して折り、貼り合わせる。

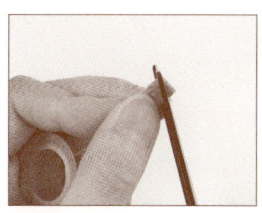
3. 折った部分の先端を三角などの形に切る。

4. 目立たせたい時間（お散歩、おやつ…など）の横に貼る。

画用紙にぎやかプレート

つくりかた P.20　画用紙

こどもたちがお片づけを楽しく、そしてわかりやすくできるためのプレートです。
見本以外にも何種類か型紙を用意しましたので、用途に合わせてお使いください。

クリアファイルなどで保護すれば、水ぬれも安心！

ラベルシールプレート

つくりかた P.21　ラベルシール

ただのラベルシールもマステひとつで、オリジナルシールに！
おままごとの棚など、狭いスペースに便利です。

園内をデコレーション！

ウキウキ紙皿プレート

つくりかた P.21　紙皿　画用紙

紙皿を使って大きく、目立たせられるプレート。
これでトイレも楽しんで行けちゃいますね。

プレートのつくりかた

【 画用紙にぎやかプレート（大）】

| 用意するもの | ・マステ　・画用紙（白、青など）
・型紙（P.91） |

1. 型紙に合わせて切った画用紙のパーツを貼り合わせ、画用紙（青）に貼る。

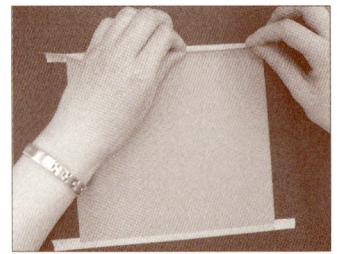
2. 上下にマステを貼り、折り返し、はみ出た部分を切る。

3. 同様に左右も貼り、はみ出た部分を切る。必要であれば文字を書く。

【 画用紙にぎやかプレート（小）】

| 用意するもの | ・マステ　・画用紙（白、黄など）
・型紙（P.91） |

1. 型紙に合わせた画用紙に、色を塗る。

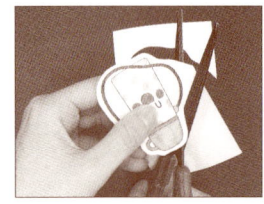
2. イラストの線に沿って余白を空けながら切り抜く。

3. 適度な大きさに切った画用紙（黄）の上下にマステを貼る。

4. 2のパーツを貼り、必要であれば文字を書く。

※この他にも「かさ」「本棚・絵本」「おもちゃ」の型紙もあります（P.91）。お好みの大きさで作成ください。

【ラベルシールプレート】

用意するもの
・マステ
・ラベルシール

1. ラベルシールをはがして、端の部分にマステを貼る。

2. はみ出した部分を切る。

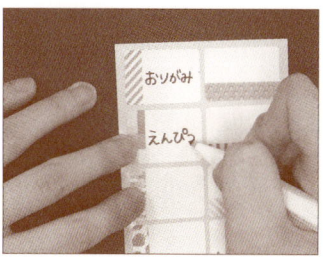

3. シートに戻して、必要な文字を書く。

【ウキウキ紙皿プレート】

用意するもの
・マステ　・紙皿　・画用紙（青、水色、白など）
・段ボール　・**型紙**（P.91）

1. 型紙に合わせてつくったパーツを貼り合わせる。

2. 1の裏面に、重ねた段ボールを貼り、両面テープを貼る。

3. 紙皿の縁にいろいろなマステを貼る。

4. 2を3に貼り付ける。

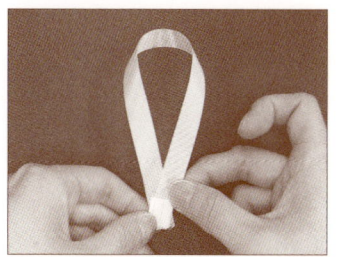

5. リボンを写真のように巻いて貼り、両面テープを付ける。

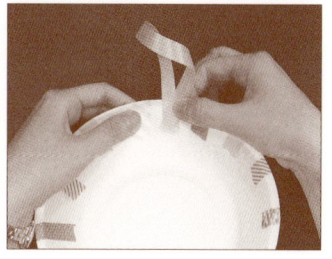

6. 5を紙皿の上部に貼る。

-21-

動物コックさんの給食こんだてボード

つくりかた P.24　コルクなべしき　スプーン、フォーク

「今日の給食なにかな？」とワクワクさせる、こんだてボード。
お当番のこどもにメニューを貼り替えてもらいましょう！

園内をデコレーション！

別バージョンはコチラ！

カラフルおしらせボード

つくりかた　P.25　　ホワイトボード　　段ボール

保護者の方やこどもたちに、おしらせを書くのに便利なホワイトボード。マステを変えれば、飽きずに使えます。便利なマーカー差しも付けて！

動物コックさんの 給食こんだてボード のつくりかた

用意するもの
・マステ　・コルクのなべしき
・プラスチックのスプーン、フォーク
・綿ロープ　・画用紙　・**型紙**（P.91）

1. コルクのなべしきに、型紙に合わせてつくった画用紙の顔のパーツを貼る。

2. 1に型紙に合わせてつくった各パーツ、「こんだて」の文字を貼る。

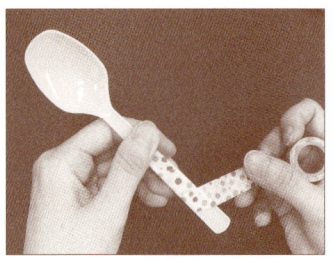

3. スプーンとフォークの持ち手にマステを巻く。

4. 2にスプーン、フォークをボンドで貼る。

5. 裏向きにし、綿ロープをボンドで貼る。

他の形の耳をつくれば、いろんな動物にもなります！

うさぎ　　ねずみ

-24-

カラフルおしらせボード
のつくりかた

用意するもの

 【A-こども】

・マステ　・ホワイトボード
・段ボール　・クリアファイル　・画用紙
・ヒモ（ホワイトボードに付いていない場合）　・型紙（P.92）

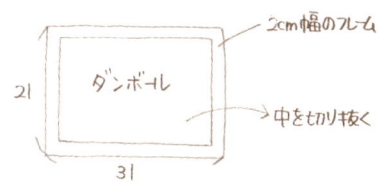

※ 20 x 30mm のホワイトボードの場合

1. ホワイトボードより少し大きめのサイズで、幅2cmのフレームを段ボールでつくる。

2. 1のフレームに【こども】マステ（他でも可）などを貼る。

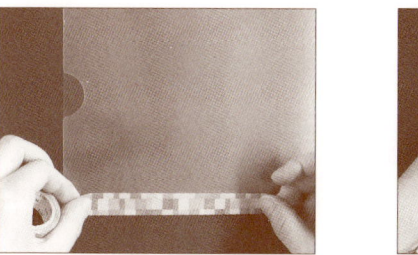

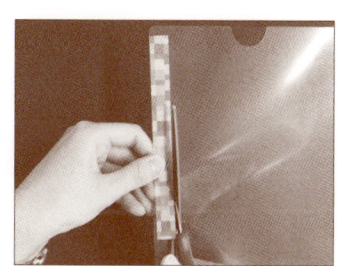

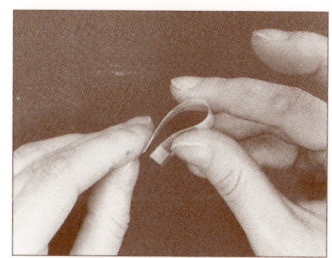

3. クリアファイルに6cmくらいマステを貼る。

4. マステの幅に沿って切る。

5. 半分に丸く折り、端を両面テープでとめる。

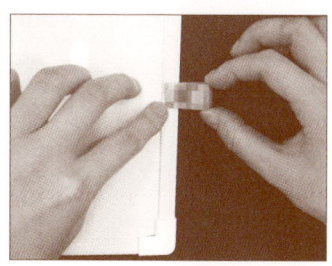

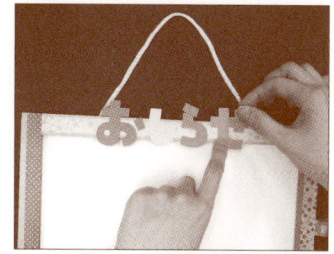

6. ホワイトボードに5（マーカー差し）を貼る。

7. 6の上から2のフレームを貼る（ヒモが付いていなければ、裏側に付ける）。

8. 「おしらせ」の文字を型紙から画用紙でつくり、上側に貼る。

ワクワクおたより帳入れ

つくりかた　P.28　プラかご　画用紙

シンプルなプラスチックかごがマステで大変身！
登園したこどもたちを、かわいいおたより帳入れで迎えてあげましょう。

ネコちゃんのペン立て

つくりかた P.29　プラ容器　画用紙

こどもたちが大好きなお絵描きタイムをネコちゃんがお出迎え。マステでアクセントを！

園内をデコレーション！

かわいい小物入れ

つくりかた P.29　プラ容器　画用紙

丸や四角の入れ物に使える、デコレーションアイディアです。
顔を付けたり、マステを貼るだけでシンプルな容器がかわいく変身！

-27-

ワクワクおたより帳入れ
のつくりかた

| 用意するもの | 【A-動物】  |

・マステ　・プラスチックかご
・画用紙　・綿ロープ　・型紙(P.92)

1. 画用紙にマステを貼ってから型紙の「くも」の形に合わせて切る。

2. 「おたより」の文字を型紙からつくり、「くも」にそれぞれ貼る。

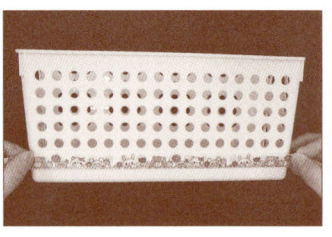

3. かごの下の部分に【動物】マステを貼る。

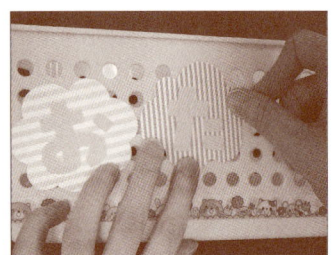

4. 2で作った「おたより」をそれぞれ貼る。

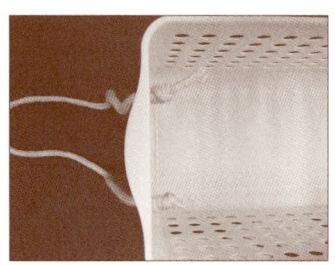

5. 綿ロープを通し、何重にも玉結びをして、抜けないようにする。

「動物」マステを使わないとき

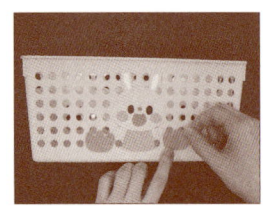

1. 画用紙を型紙に合わせてパーツをつくり、貼る。

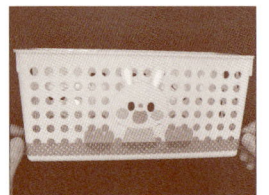

2. パーツに少しかかるようにマステを貼る。

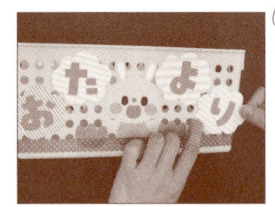

3. 上記の1〜2同様、「おたより」パーツをつくり、貼る。

> 上記でつくった裏面に、このデコレーションをすると、両面可愛く!

-28-

ネコちゃんのペン立て、かわいい小物入れ のつくりかた

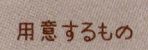
【ペン立て】

用意するもの　【A-おえかき】
・マステ　・筒状のプラスチック容器
・画用紙（黄、緑、オレンジなど）　・型紙（P.92）

1. 画用紙を型紙に合わせてネコをつくり、容器に貼る。

2. ネコの足からスタートするように【おえかき】マステを貼っていく。

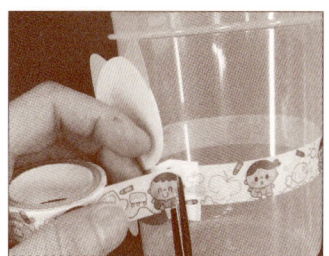

2. ネコの足を一緒に貼れるように、一周貼ったところで切る。

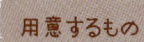
【小物入れ】

容器の形に合わせていろいろ作れます！

用意するもの　【C-おどうぐ】
・マステ　・丸や四角のプラスチック容器
・画用紙　・フェルト　・ボンテン　・型紙（P.92）

1. 画用紙を型紙に合わせてパーツをつくり、フェルト（ほっぺ）やボンテン（鼻）なども用意する。

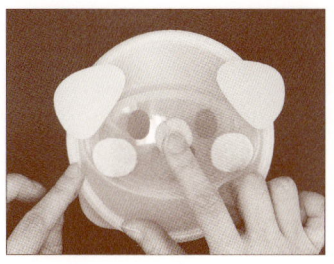

2. 各パーツをふたの上に貼っていく。

3. 容器のまわりに【おどうぐ】マステを一周貼る。

-29-

うきうきハッピーバッジ

つくりかた P.32　画用紙　安全ピン

入園・卒園などの行事やお誕生日など、特別な日に付けるバッジ。
普段のお当番バッジとしても使えるカラフルなバッジたちです。

園内をデコレーション！

しっかり支える ペーパーウェイトさん

つくりかた P.33　紙粘土

大事なプリントや、製作用の折り紙などが飛んでいかないように、癒しキャラがお手伝い！

ペンギンさんの ハンドソープ入れ

つくりかた P.33　ハンドソープ容器　画用紙

かわいいペンギンさんと一緒なら、こどもたちもすすんで手洗いすること間違いなし！

うきうきハッピーバッジ
のつくりかた

【 立体のお花型 】

用意するもの　・マステ　・画用紙（白）　・ボンテン　・安全ピン

【 リボン型 】

用意するもの　・マステ　・安全ピン

1. 画用紙にマステを15cmくらい3本貼り、切る。

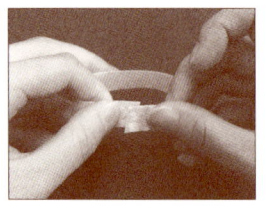

2. それぞれ輪にし、貼る。

1. はがれやすいものの上に2枚のマステを少し間を空けて仮貼りする。

2. 中央を埋めるようにもう1枚貼る。

3. 真ん中を押し、両面テープで貼る。

4. 3つを図のように重ね、貼る。

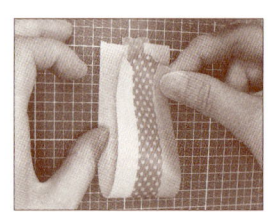

3. 2をはがし、粘着面同士を貼り合わせ、端を整えるように切る。

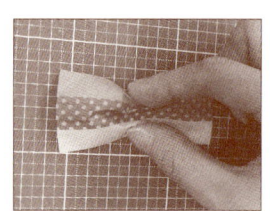

4. 中央をつまむ。

5. 一番上の中央にボンテンを貼る。

6. 花びらの一つに安全ピンを通す。

5. 中央をマステで巻き、リボンにする。

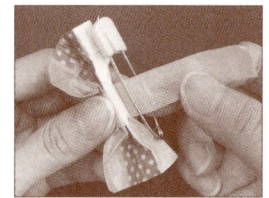

6. 同じマステで再度巻き、安全ピンも一緒に巻き込んで固定する。

【 お花型 】

画用紙にマステを何枚か貼り、好みの形に切る。リボンと安全ピンを付けたら完成。

-32-

しっかり支える
ペーパーウェイトさんのつくりかた

| 用意するもの | ・マステ
・紙粘土、または石 |

> みんなで石拾いに行っても楽しいですね！

1. 紙粘土で形をつくる（または石を用意する）。

2. マステを貼る。

3. ペンで顔を描く。

ペンギンさんのハンドソープ入れ
のつくりかた

| 用意するもの | ・マステ　・ハンドソープ用容器
・画用紙　・透明テープ
・**型紙（P.93）** |

1. 画用紙を型紙に合わせてペンギンをつくる（小さい場合は型紙に合わせた画用紙に直接色を塗ってもOK）。

2. 容器の下にマステを一周貼る。

3. 1のペンギンを容器に貼る。

4. 防水のため、上から透明なテープを貼る。

-33-

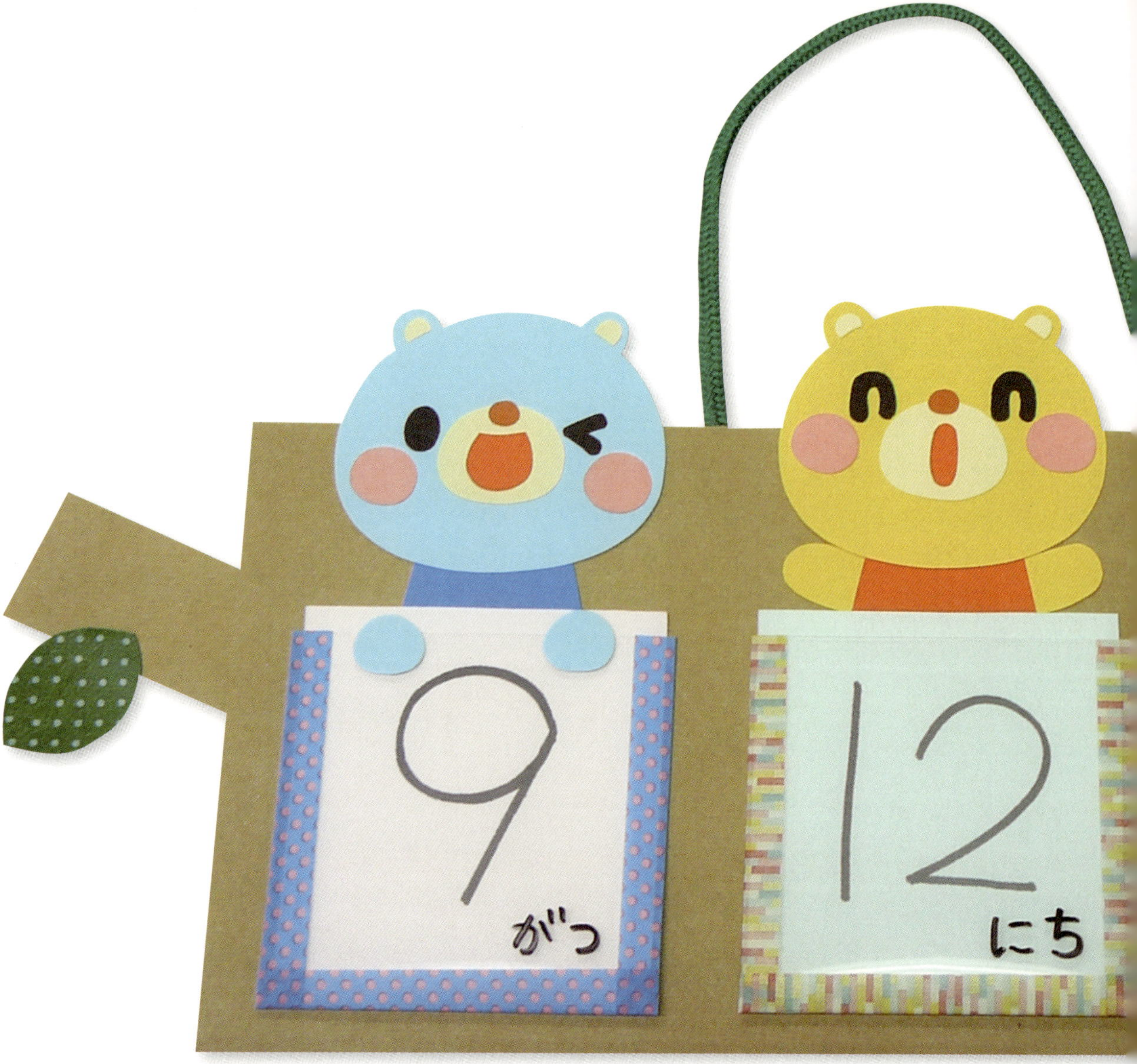

なかよしクマくんカレンダー

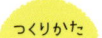

つくりかた P.36　段ボール　画用紙

毎日が楽しくなるクマくんのにぎやかなカレンダー。
壁掛けでも棚置きでも、どちらでも使えます。

園内をデコレーション！

スタンドを付ければ、棚置きにも！

カード収納ケース

つくりかた P.37　空き箱

日付カードが入れられる便利なケースも合わせて！

なかよしクマくんカレンダー
のつくりかた

| 用意するもの | ・マステ　・段ボール　・画用紙
・クリアファイル　・綿ロープ
・**型紙**（P.93） |

1. 画用紙を型紙に合わせて、それぞれのキャラ、パーツをつくる。

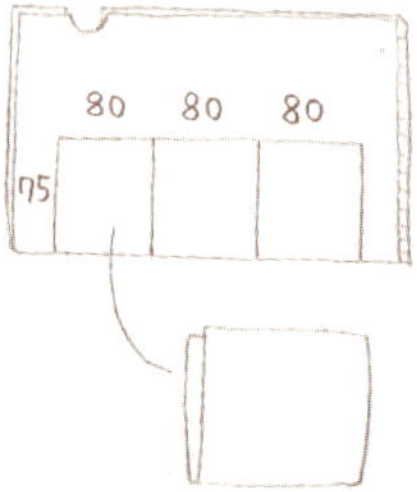

2. 透明クリアファイルに75 x 80mmのガイドを3つ分、鉛筆で薄く引く。ガイドに合わせてファイルの背の部分が1辺残るように3つとも切る。

3. 2の左右と、口の開いていない部分にマステを貼る。

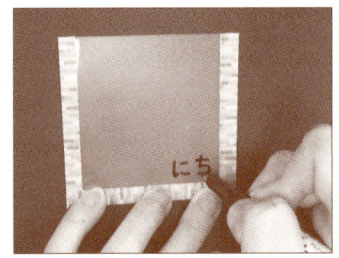

4. それぞれ右下に油性ペンで「がつ」「にち」「ようび」と書く。

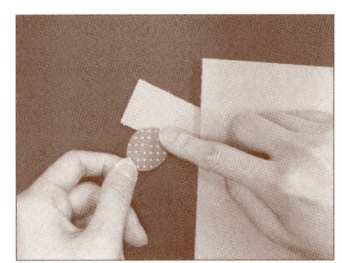

5. 段ボールを型紙に合わせて本体、枝をつくり、画用紙にマステを貼った葉っぱをそれぞれ貼り合わせる。

6. クリアファイルのポケットを、それぞれマステを貼った部分にボンドを塗り、5に貼る。

7. ポケットの上部に型紙からつくった画用紙のキャラを貼る。

8. 手のパーツはクリアファイルの上から貼る。

大きさに注意！

9. ポケットに収まる 80 x 75mm の大きさの画用紙に、4で書いた「がつ・にち・ようび」にかぶらないように下を少し空けて、月・日・曜日を全て書く。

10. 壁掛けの場合、ボンドで裏に綿ロープを付ける。

※棚置きの場合、段ボールで三角を作り、裏に貼る。

【 カード収納ケース 】

用意するもの
・マステ
・幅の狭い空き箱（3つ）

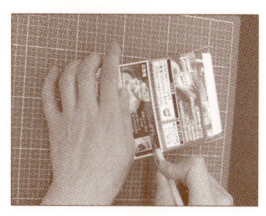

1. 幅の狭い箱を用意し、高さ 60mm くらいに切る。

2. 同じものを3つ作る。

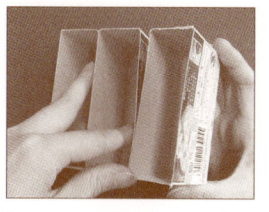

3. 3つを両面テープで貼り合わせる。

4. 周りにマステを巻く。

-37-

暑中お見舞いはがき

シンプルなイラストもマステで飾れば、グレードアップ！夏休み中のこどもたちに笑顔を届けましょう。

りえちゃん
げんきに なつやすみを すごしていますか？
また なつやすみの たのしかったこと
おはなし いっぱい きかせてね！
　　　　　　　　　　　　　ようこせんせい

モコモコ入道ぐもはがき

つくりかた P.40　　はがき

夏をイメージさせる"入道ぐも"のイラストです。マステでさらに夏らしさがアップ！カンタンにできるのでたくさんつくるのもラクラク！

シロップのかき氷はがき

つくりかた P.41　はがき

かわいい"かき氷"をマステでイメージ。
マステの色を変えれば、いろんなシロップに！おいしそうな色の
マステをさがすのも楽しい！

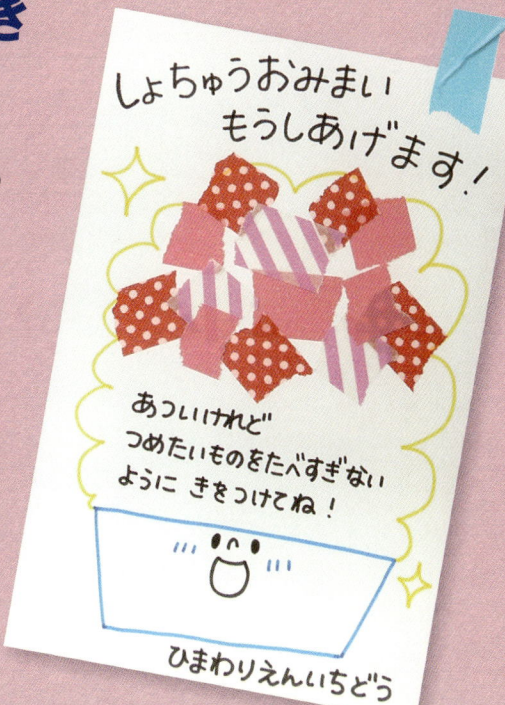

ひんやりあまい！アイスクリームはがき

つくりかた P.41　はがき　画用紙

カラフルなアイスをマステで表現しました。
とけたアイスがポタっとおちているのがポイント！

カードをつくろう！

暑中お見舞いはがき
のつくりかた

【 モコモコ入道ぐもはがき 】

用意するもの　【C-夏の海】

・はがき　・キラキラペン

1. はがきを横向きにし、底辺に合わせて【夏の海】マステを貼る。

2. はみ出したマステを切る。

3. 水色のペンで、モコモコの入道雲を描いて、ピンクでほっぺたを描く。

4. 空白部分に子どもへのメッセージを書いてから、キラキラをプラスする。

【 シロップのかき氷はがき 】　用意するもの　・マステ　・はがき

1. はがきを縦向きにし、かき氷を描く。 
2. マステを貼って、かき氷のシロップにする。 
3. 空白部分に子どもへのメッセージを書く。

【 ひんやりあまい！アイスクリームはがき 】　用意するもの　・マステ　・はがき　・画用紙（白）

1. 白の画用紙にいろいろな柄のマステを貼って、ストライプにする。
2. アイスクリームの形に切る。 
3. マステの片側を丸く切ってアイスの持ち手にし、はがきに貼る。 
4. 2のアイスを貼る。 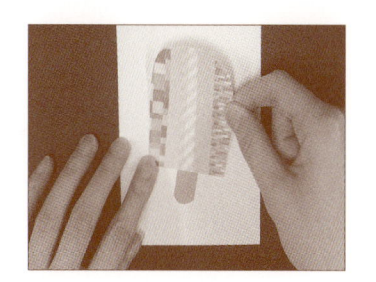
5. 手の形に切った画用紙と、しずく形に切ったマステを貼る。 
6. メッセージを書く。

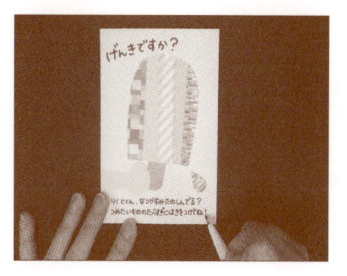

年賀状

何枚も書く年賀状をマステや毛糸で、かんたんにグレードアップ！先生からのとっておきのお年玉！？

> あけましておめでとう！
> さむさにまけていないかな？
> もうすぐ えんであえるのを
> たのしみにしています。
> なおせんせい

ワクワク お正月はがき

つくりかた P.44 　はがき　画用紙

マステと画用紙を貼るだけで、こんなにかわいい年賀状に！
何枚も描く先生にぴったりのかんたんバージョンです。

毛糸でくるりん コマはがき

つくりかた P.45 　はがき　毛糸

アクセントに毛糸を使うだけで、立体的な年賀状に！
和柄のマステを使うと、お正月らしくまとまります。

カードをつくろう！

年賀状 のつくりかた

【 ワクワクお正月はがき 】

用意するもの　funyani 【C-お正月】

・マステ　・（年賀）はがき　・画用紙

1. はがきを縦向きにし、ざっくり囲むように四辺にマステを貼る。

2. 上下に【お正月】マステを貼り、はみ出した部分を切る。

　　※ 黄色や赤などのマステでも可！

3. 吹き出し形に切った画用紙に、子どもへのメッセージを書いて、貼る。

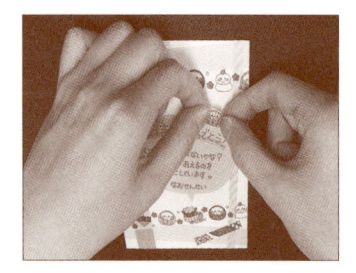

※ 和紙を細長く切ったものや、マステを切り抜いたものを貼ってもかわいい！

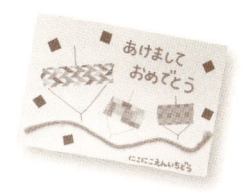

【 毛糸でくるりんコマはがき 】

用意するもの
・マステ（和柄のものなど）
・（年賀）はがき　・毛糸

1. はがきを横向きにし、柄の違うマステを3枚貼る。

2. 線を加えてコマにする（コマに顔を描いてもかわいい！）。

3. コマの位置に合わせて、鉛筆でうすく波線を描く。

4. 波線に合わせてボンドを塗り、毛糸を貼る。

5. 空白部分に文字を書き、余白に四角く切ったマステを散らす。

How to make lovely childcare goods

がんばったね！カード

つくりかた P.48　画用紙　ヒモ

がんばったこどもたちに、ちょこっとサイズのタグ風カードを。
ごほうびプレゼントなどに結んで、かわいいラッピングにも！

チョコのプレートが挟んじゃう！

おたんじょうび おめでとう!!

6がつ23にち うまれ
5さい になりました！

しんちょう
113 センチメートル
たいじゅう
18 キログラム

おおきくなったら…
おはなやさん
になりたい！

やまだ なつみ ちゃん

カードをつくろう！

大きないちごのバースデーカード

つくりかた P.48　片段ボール　画用紙

かわいいケーキ型のバースデーカード。イチゴにチョコにもりだくさん！！
チョコプレートで挟んで、ケーキを開くとメッセージが現れます。

-47-

がんばったね！カードのつくりかた

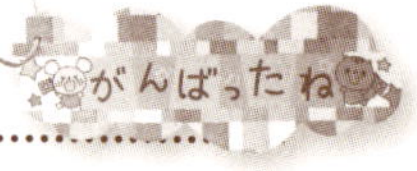

用意するもの 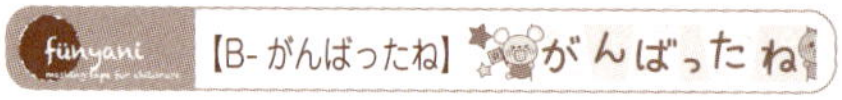
【B-がんばったね】がんばったね
・マステ　・画用紙（白）　・ヒモ

1. 白画用紙に【がんばったね】マステを貼って、その上下に柄マステを貼る。
2. ランダムに雲のように切る。 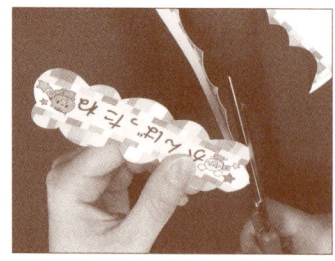
3. 左上にキリなどで穴をあけ、ヒモを結ぶ。 

「がんばったね」マステを使わないとき

1. 縦ストライプになるようにマステを貼る。
2. 雲のように切る。 
3. 「がんばったね」の文字を書き、上3同様穴をあけ、ヒモを結ぶ。 

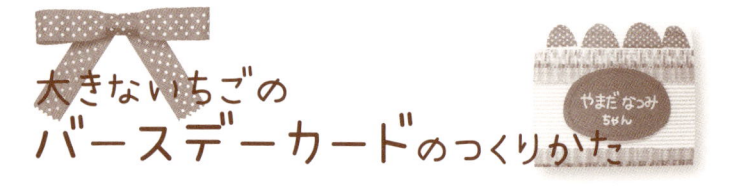

大きないちごのバースデーカードのつくりかた

用意するもの
・マステ　・片段ボール（白）
・画用紙（茶など）　・厚紙　・白のペン

-48-

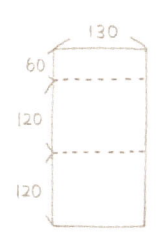

1. 300 × 130mmの片段ボールを60mmで折り、残りを半分に折って3つ折りにする。

2. 折り目の下の部分と端にマステを貼る。

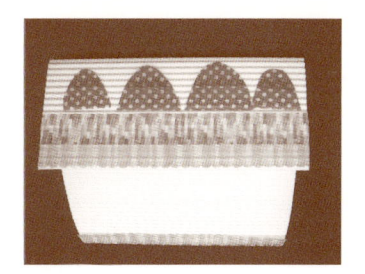

3. （※1）の太いマステでつくったイチゴを貼る。

4. 直径80mmくらいの円を色の違う画用紙で3枚作り、文字を書く。

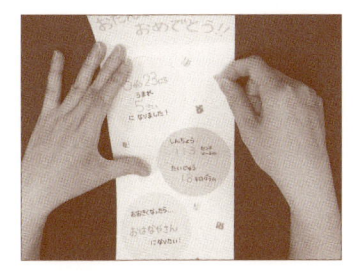

5. 4の円を内側に貼って、余白に小さく切ったマステを貼る。

6. 茶色の画用紙と厚紙を楕円形に切って、貼り合わせる。

7. 白のペンで子どもの名前を書き、裏の中央に両面テープを貼る。

8. 上側の折り返し部分を差し込めるような位置（右写真参照）に、7を貼る。

●チョコプレートの差し込み方

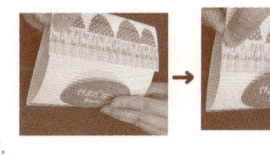

★太いマステをつくる（※1）

マステを何枚か重ねて、太いマステができます。テープとしてではなく、いろんなマークとしても使えてとっても便利！ここではイチゴをつくります。

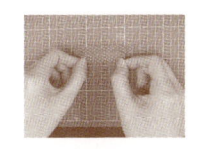

1. カッティングシートの上などに数枚マステを重ねて貼ります。
2. 上に重ねたマステを引っぱって、はがします。
3. イチゴの形に切ります。

入園おめでとう！ペンダント

つくりかた P.52　画用紙　リボン

はじめての園生活にとまどうこどもたちに、にっこり大きなお花のペンダントをプレゼント！首からさげれば元気いっぱい！

にゅうえん おめでとう

中身はこんな感じ

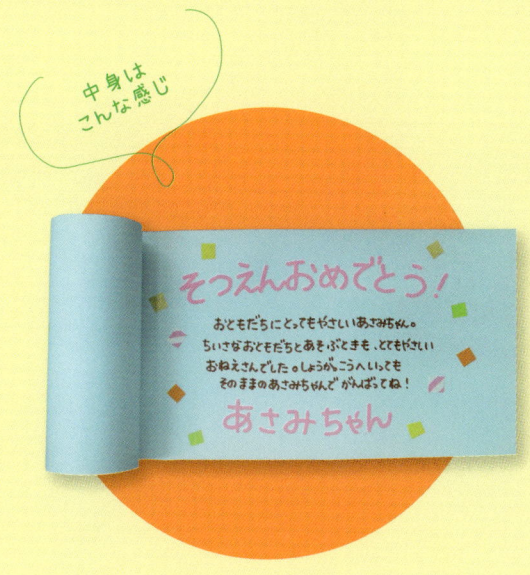

そつえんおめでとう！

おともだちにとってもやさしいあさみちゃん。
ちいさなおともだちとあきぶとさも、とてもやさしい
おねえさんでした。しょうがっこうへいっても
そのままのあさみちゃんでがんばってね！

あさみちゃん

カードをつくろう！

卒園おめでとう！カード

つくりかた P.53　ペーパー芯　画用紙

園生活をがんばったこどもたちに、賞状型のお祝いカードを。
リボンを外して賞状を開くと、こどもたちへのメッセージが出てきます。

-51-

入園おめでとう！ペンダント
のつくりかた

| 用意するもの | ・マステ　・画用紙（白、黄）
・リボン　・厚紙　・段ボール
・型紙（P.93） |

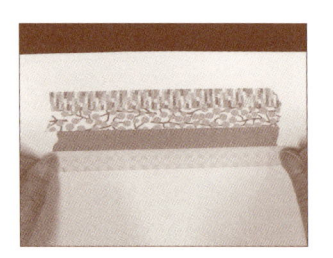

1. 画用紙（白）にいろんなマステを貼って、ストライプにする。

2. 雲の型紙をコピーし、切り、画用紙の裏にあてながら線に添ってなぞる。

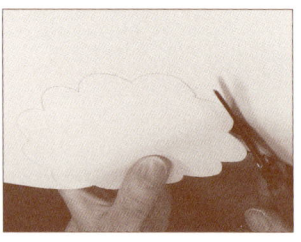

3. 線に沿って切りとる。

4. 楕円の型紙に合わせて切った画用紙（黄）を厚紙と貼る。

5. 4を画用紙に合わせて切り、顔と「にゅうえんおめでとう」の文字を書く。

6. 裏の真ん中に小さめの段ボールを貼り、その上に両面テープを貼る。

7. 3に貼る。

8. 裏に両面テープなどでリボンを付ける。

卒園おめでとう！カード のつくりかた

用意するもの
- マステ
- トイレットペーパーの芯
- 画用紙（青）
- コピー用紙
- 輪ゴム
- 折り紙（金色）

●「カード」のつくりかた

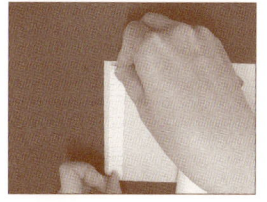

1. ペーパー芯に合わせて切った画用紙（青）の端に、両面テープを貼る。

2. ペーパー芯を貼る。

3. 1周だけ巻いて、ペーパー芯と画用紙を両面テープで貼る。

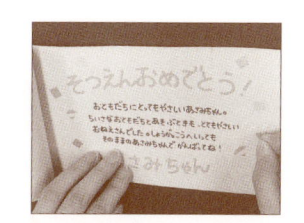

4. 残りの部分にメッセージを書き、マステを小さく切って貼る。

5. 画用紙の外側の上下にマステを貼る。

6. 巻いた状態で顔を描く。

●「リボン」のつくりかた

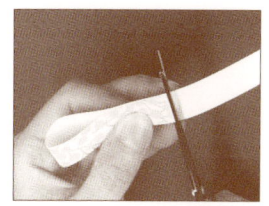

1. コピー用紙にマステを貼り、マステに沿って細長く切る。

2. 作りたいリボンの「大きさ＋のりしろ」のところで切る。

3. 輪っかになるように貼る。

4. 中央を両面テープで付ける。

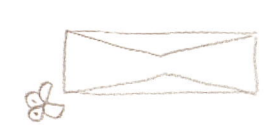

5. リボンの形になるように、中央へ斜めに切る。

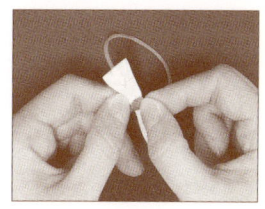

6. 輪ゴムを付け、中央に丸く切った折り紙を貼る。

メッセージカード

保護者の方に向けたメッセージを、ひと工夫してかわいいカードで。いろんなシーンで大活躍、間違いなし！！

> 伊藤さま
>
> ゆまちゃん、今日もどろだんご作りを楽しんでいました。着替えのストックがなくなりましたので、明日持たせてあげてください。

元気いっぱい！Tシャツカード

つくりかた P.56　画用紙

Tシャツの形のメッセージカードです。袖と裾にマステを貼ると、グッとかわいさがアップ！

ニコニコこどもカード

つくりかた P.56　画用紙

こどもの顔をしたカードです。マステで髪の毛を作るのがポイント。
1種類のマステを重ねて貼ると、裏が透けていい感じに！

家庭訪問
16：30〜16：45
です。

カードをつくろう！

動物さんの原っぱカード

つくりかた P.57　画用紙

黄緑のマステをちぎって原っぱに！
いろんなシーンで使える便利なカードです。

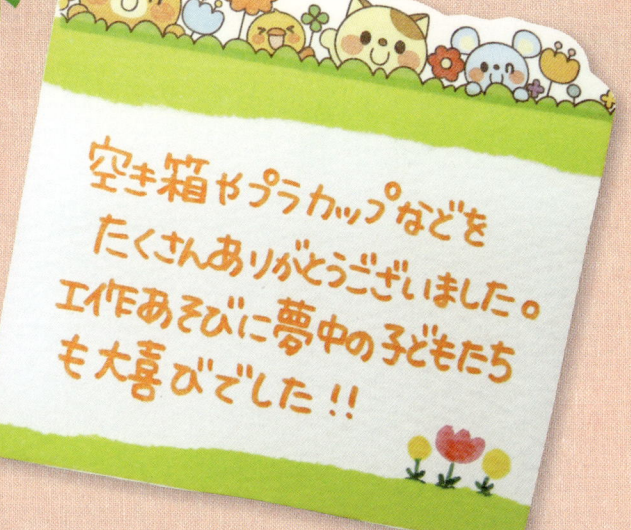

空き箱やプラカップなどを
たくさんありがとうございました。
工作あそびに夢中の子どもたち
も大喜びでした！！

メッセージカードのつくりかた

【 元気いっぱい！Tシャツカード 】

用意するもの
- マステ（水玉柄、黄色など）
- 画用紙
- **型紙（P.94）**

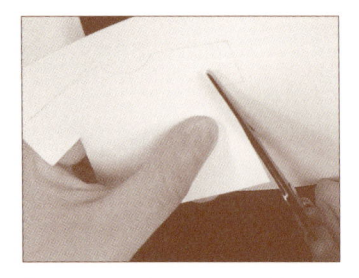

1. 型紙に合わせて画用紙をTシャツの形に切る。

2. 袖口と裾にマステを貼る。

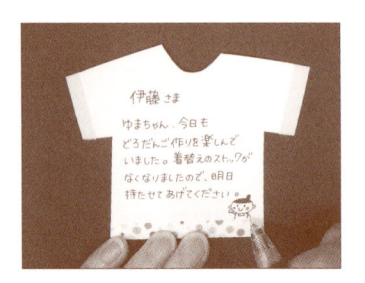

3. メッセージを書く。

【 ニコニコこどもカード 】

用意するもの
- マステ（茶・黒系など）
- 画用紙

1. 画用紙を子どもの顔の形になるよう、楕円形に切る。

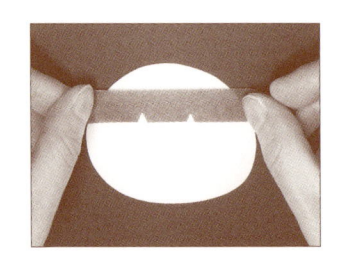

2. 2カ所三角に切り落とした茶色のマステを貼る。

-56-

3. 頭の残りの部分をマステで埋め、余った部分を切りとる。

4. メッセージを書く。

【動物さんの原っぱカード】

用意するもの　funyani　【A- 動物】

・マステ（黄緑色など）　・画用紙

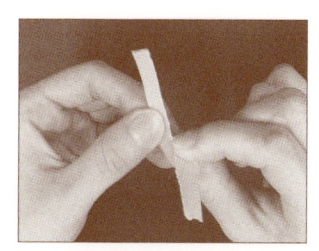

1. 黄緑のマステをタテにラフに手でちぎる。

2. 画用紙に上を少し空けて、1で切ったマステを上下に貼る。

3. 2で貼った上のマステに重なるように、【動物】マステを貼る。

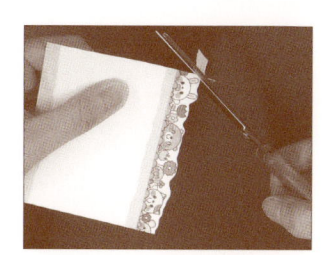

4. 動物イラストの輪郭に合わせて画用紙を切る。

5. メッセージを書き、余白に花のイラストを描く。

行事のプログラム

こどもが輝く発表会、入園（卒園）式、運動会の晴れ舞台に、勇気と力を与えるプログラムたちです！

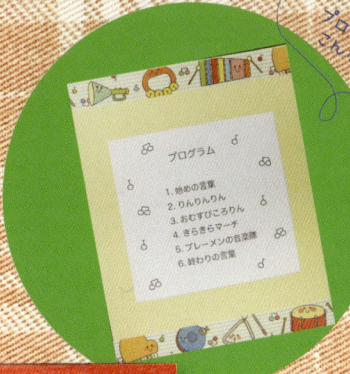

プログラムはこんな感じ

にっこりクマさんの発表会プログラム

つくりかた P.60　画用紙

楽しい発表会をより一層盛り上げてくれる、くまさんのプログラム！裏面には柄のマステを貼って、アクセントに。

ヒラヒラさくらの入園式プログラム

つくりかた P.61　画用紙

シーズンに合わせて桜の木をかたどったプログラム。こどもたちの晴れ舞台に花を添える、桜の花びらがポイント。入園だけでなく、卒園にも使えちゃいます。

にこにこえん
にゅうえんしき
日時：4月3日 9時～
場所：にこにこえんホール

カードをつくろう！

にこにこえん
うんどうかい
9月20日(土) 9時～

キラキラ太陽の運動会プログラム

つくりかた P.61　工作紙　画用紙

応援うちわとしても使えるプログラム。マステと一緒にキラキラ光るテープも使えば、より華やかに！

行事のプログラムのつくりかた

【 にっこりクマさんの発表会プログラム 】

用意するもの

【C-楽器】

・マステ（赤色）
・画用紙（赤、黄（同じ大きさの長方形に切る））
・ピンキングばさみ　・ラメペン　・型紙（P.94）

1. 画用紙（赤）を半分に折る。

2. カーテンの型紙をあて、なぞり、線に沿って切る。

3. 画用紙（黄）に、2でできたカーテンを左右に貼る。

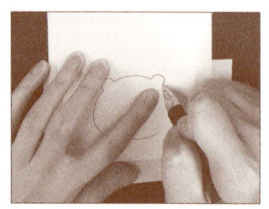

4. くまの型紙のコピーを画用紙と重ねて強くなぞる。

5. 4で描いたくまのパーツをそれぞれ線に沿って切る。

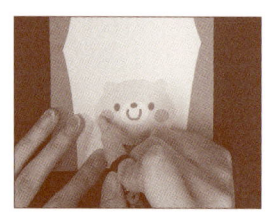

6. 各パーツを貼り合わせた「くま」を3に貼り、目・鼻・口、ほっぺを描く。

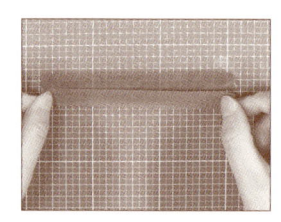

7. プログラムの横幅より少し長めにした赤のマステを、2枚少し重ねて貼る。

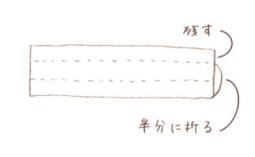

残す
半分に折る

8. 7のマステをはがし、1/3位残して、残りを半分に折り、貼り合わせる。

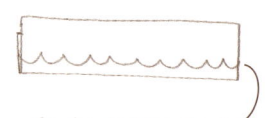

ピンキングバサミで切る

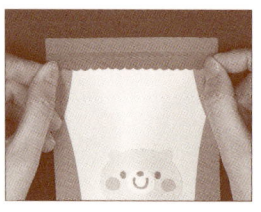

9. 折り目の方をピンキングばさみでモコモコに切り、横幅を6に合わせて切る。

10. 6の上部に赤マステを貼り、その上から9を貼る。

11. 文字を書き、周りをラメペンでキラキラさせる。

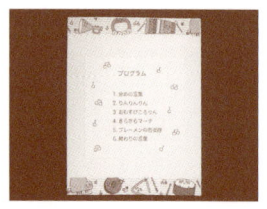

12. 裏は上下に【楽器マステ】を、中央にプログラムを貼る。

-60-

【 ヒラヒラさくらの入園式プログラム 】

用意するもの
- マステ（濃い目のピンク）
- 画用紙（薄めのピンク、白）
- **型紙（P.95）**

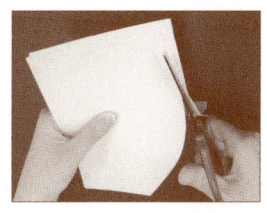

1. 型紙をなぞったピンクの画用紙を2枚重ねて切る。 
2. 画用紙を木の幹の型紙に合わせて切り、マステを貼る。 
3. 2を1の画用紙で挟むようにして貼る。 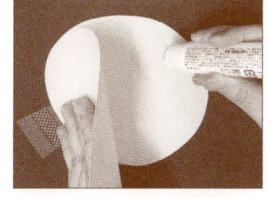
4. 2枚の画用紙を貼る。 
5. 表面に文字を書き、裏面にプログラムを貼る。 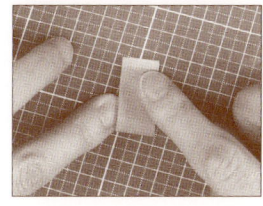
6. ピンクのマステの粘着面同士を少しずらして貼る。 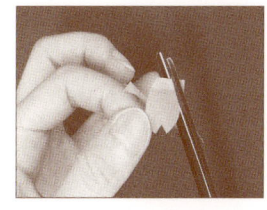
7. 折り目の方を桜の花びらの形に切りとる。 
8. 表面の余白に、7を立たせるように貼る。

【 キラキラ太陽の運動会プログラム 】

用意するもの
- マステ
- 工作紙（黄）
- 画用紙（白）
- ホログラムテープ
- **型紙（P.94）**

1. 工作紙を型紙に合わせて切る。
2. 型紙の上からボールペンで力を入れてなぞる。 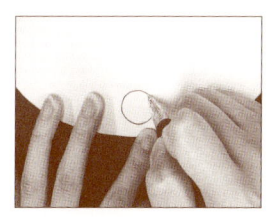
3. 写った線に沿って穴を切り抜く。 
4. 3までと同じものを画用紙（白）でもつくる。 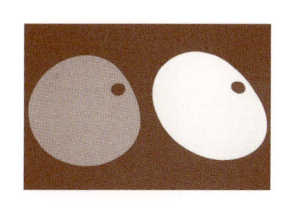
5. マステやホログラムテープを適当な長さに切り、少しずらして貼る。 
6. 5を何枚かつくり、画用紙（白）に貼っていく。 
7. 3の工作紙を上から貼る。 
8. 工作紙に顔や文字を描き、裏にプログラムを貼る。 

-61-

カーネションの小物入れ
（母の日プレゼント）

つくりかた P.64　牛乳パック　画用紙

ありがとうの感謝の気持ちを込めた母の日のプレゼント。
お母さんを思い浮かべながら、丁寧にマステを貼ってもらいましょう。

裏には
メッセージ！

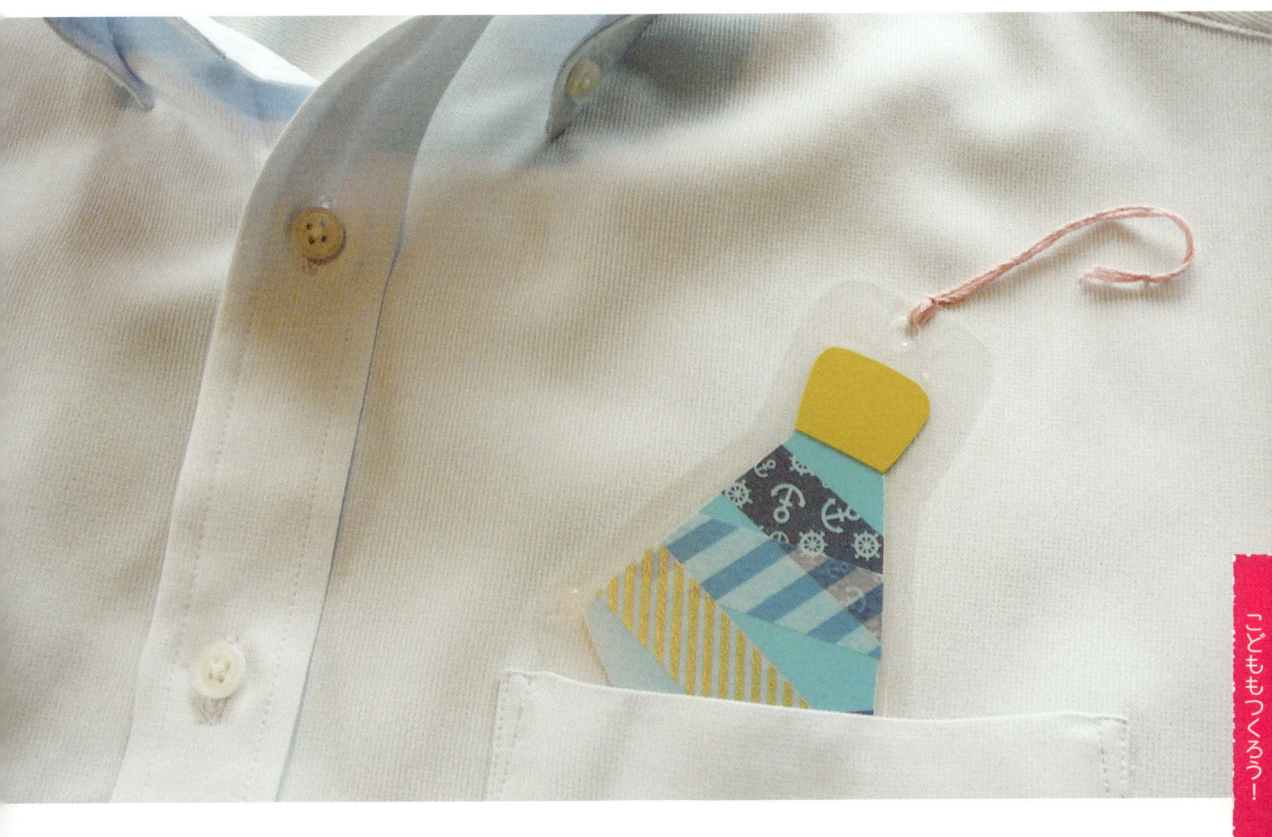

こどもつくろう！

ネクタイ型のストラップ
(父の日プレゼント)

つくりかた P.65　工作紙　画用紙

だいすきなお父さんへ、父の日のプレゼント。
携帯電話やカバンなどにも付けられます！

母の日・父の日のプレゼントのつくりかた

【 カーネーションの小物入れ 】

用意するもの
・マステ　・牛乳パック
・画用紙（ピンク、緑など）・モール

先生お願い！

① 牛乳パックを6cmの高さになるように切る。4辺のうち、1辺だけ、+3cm（9cm）にしておく。

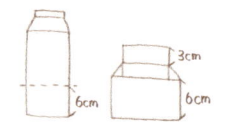

② 画用紙（ピンク）をタテ6cm、ヨコ30cmくらいに切る。

③ 画用紙（緑）をパックの横幅くらいの大きさに切り、扇形を描く。

1. 画用紙（ピンク）を牛乳パックに巻く。

2. 1の上からマステを貼る。

3. 扇形を描いておいた画用紙（緑）を線に沿って切る。

4. 3に「ありがとう」などのメッセージを書く。

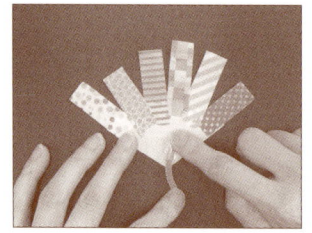

5. 4の裏に、余白を残して折り返したマステを貼り、モールを中央に貼る。

6. 牛乳パックの一辺だけ伸ばした部分に貼る。

【ネクタイ型のストラップ】

用意するもの
- マステ　・工作紙
- 画用紙　・クリアファイル
- ヒモ　・透明テープ　・**型紙**（P.95）

先生お願い！

工作紙と画用紙を型紙に合わせてネクタイの形に重ねて切る。

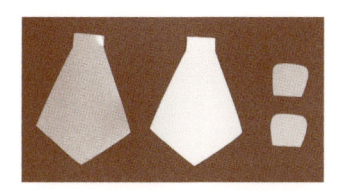

1. 工作紙にはマステを貼って、ネクタイの柄にする。

2. 画用紙にはメッセージを書く。

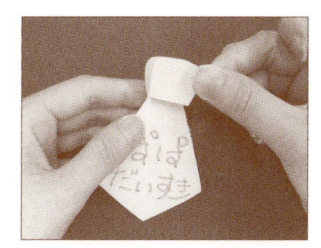

3. 1と2を貼り合わせ、ネクタイの結び目のパーツで挟むように貼る。

先生お願い！

① クリアファイルに透明テープでつくったネクタイを貼りつける。

② 周りに余白をとり、輪郭を切っていく。

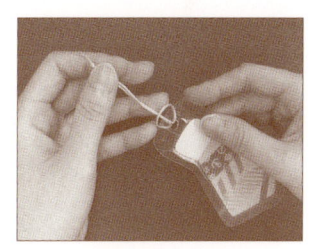

③ 余白にパンチで穴をあけ、ヒモをつける。

似顔絵の壁飾り
(敬老の日プレゼント)

つくりかた　P.68　画用紙　工作紙

いつもやさしいおじいちゃん、おばあちゃんへ。
一生懸命描いた似顔絵を、かわいいフレームで飾ったら
きっと大喜びしてくれるはず！

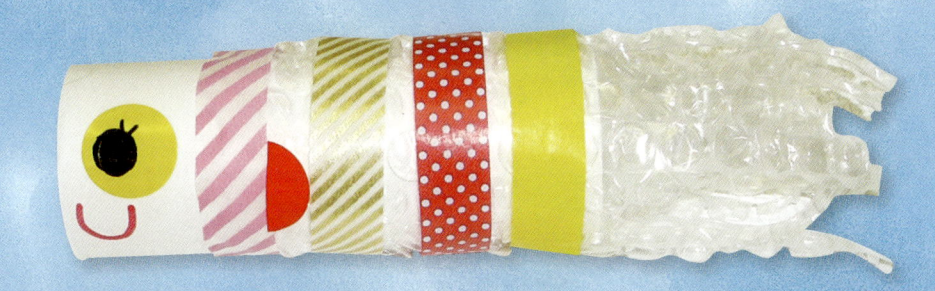

元気いっぱい！こいのぼり

つくりかた P.69　ペーパー芯　アルミホイル

トイレットペーパーの芯とマステでカラフルなこいのぼりをつくります。
こどもたちの作品を飾って、5月の壁面にしてもいいですね！

こどもつくろう！

似顔絵の壁飾りのつくりかた

用意するもの
・マステ　・画用紙（白）
・工作紙　・リボン

先生お願い！
似顔絵を描く画用紙（直径15cmくらい）と、そのひとまわり大きい工作紙（直径20cmくらい）を用意する。

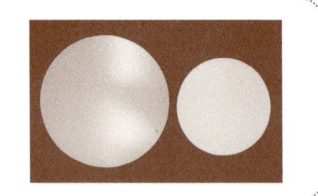

1. 画用紙（白）に似顔絵を描く。

2. 工作紙に1を貼る。

3. メッセージを書く。

4. 空いているスペースにマステを貼る。

5. 裏にリボンをボンドで貼る。

-68-

元気いっぱい！こいのぼり
のつくりかた

用意するもの
- マステ ・トイレットペーパーの芯
- 丸シール（①、②） ・アルミホイル（①）
- プチプチシート（②）
- ミラーテープ（③）

【①アルミホイルのキラキラこいのぼり】

1. アルミホイルをやさしくくちゃくちゃにする。
2. ペーパー芯にアルミホイルを巻き、余った部分を押し込む。 
3. 白の丸シールに目を描いて貼り、残った部分にマステを貼る。 
4. 丸シールを半分に切った口とひれを貼る。 

【②プチプチこいのぼり】

1. ペーパー芯からプチプチシートを写真のようにずらして巻き、セロテープでとめる。
2. はみ出しているシートに切り込みを入れる。 
3. 丸シールに目を描いて貼り、口を描く。 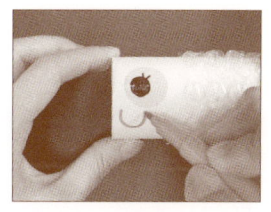
4. マステを貼り、丸シールを半分に切ったひれを貼る。 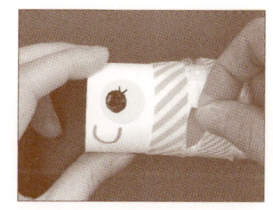

【③カラフル吹き流し】

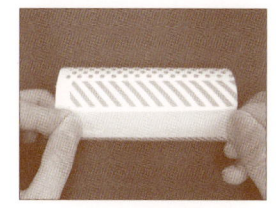

1. ペーパー芯に端を少し空けてマステを貼る。
2. 1で空けた端にミラーテープを貼る。 
3. マステに沿って、切り込みを入れる。 
4. カーブを付けて外へ反らしながら開いていく。 

-69-

夜空にキラキラ七夕飾り

つくりかた P.72　画用紙　折り紙

笹に飾って、七夕をじっくり味わいましょう。
使う折り紙やマステによって、全く違った雰囲気になるので、たくさんつくって飾るとキレイです!

【カラフル貝飾り】

【カラフルちょうちん】

【ヒラヒラおほしさま】

雪だるまサンタさんの クリスマスリース

つくりかた P.73　段ボール　画用紙

段ボールをつなげてつくるクリスマスリースです。楽しみなクリスマス気分がもっと盛り上がりそう！

こどももつくろう！

夜空にキラキラ七夕飾りのつくりかた

用意するもの	・マステ　・画用紙　・ヒモ ・折り紙（ちょうちん、貝飾り、網飾り） ・スズランテープ（お星さま）

【 カラフルちょうちん（貝飾り）】

1. 折り紙にマステを適当に貼る。 
2. 半分に折る。 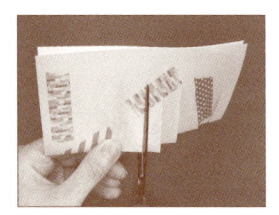
3. 切り込みを入れる。 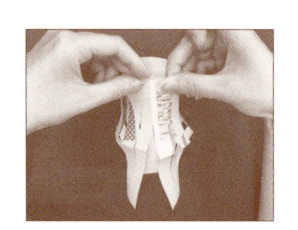
4. 開いて筒状になるように巻いて、貼り合わせる。 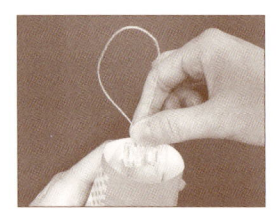
5. 裏にヒモをつける。

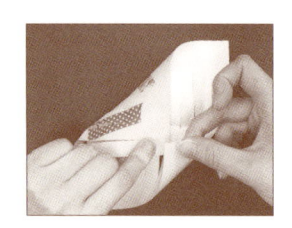

※ 4の貼り合わせる場所を写真のように変えると「貝飾り」になります。

〈発展〉網飾り（ちょうちんから発展させるとつくれます）

1. 折り紙にマステを適当に貼る。
2. 2つ折りにして、さらに半分に折る。 
3. 上下に切り込みを入れる。（※1） 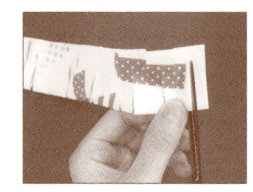
4. 3を広げて、クラフトパンチで抜いた星などを貼り、全体を引っ張るように広げる。 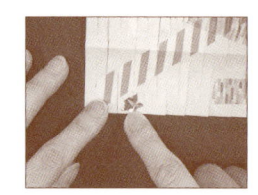

★余計な部分を切り落とさないために（※1）

切り込みを入れる際、こどもは折り紙を切り落としてしまう場合があります。そうならないために、切り込みを入れたい部分しかハサミを入れないことを、こどもに伝えましょう。

【ヒラヒラおほしさま】

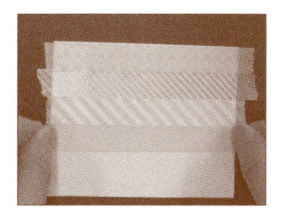

1. つくりたい星の大きさに合わせて用意した画用紙に、マステを貼る。
2. 裏に星の形を描き、線に沿って切りとる。 
3. 顔のパーツをつくり、貼る（低年齢児は先生が用意して渡す）。 
4. 裏にスズランテープとヒモをつける。 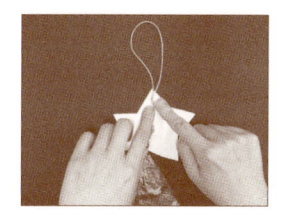

雪だるまサンタさんのクリスマスリースのつくりかた

用意するもの
・マステ　・段ボール
・画用紙（白、赤など）
・モール　・ヒモ　・ボンテン

1. 段ボールを適当な四角形に切ってパーツを作る。
2. それぞれの段ボールにマステを貼る。 
3. 2のパーツをつなげて貼り、輪にする。 
4. 画用紙でサンタさんや雪だるまをつくる。 
5. 3を裏にし、ヒモを付けた4を中央に吊るすようにマステで貼る。 
6. モールをボンドで貼り、壁掛けできるようにする。 
7. ボンテンを貼る。

なかよしひな人形

つくりかた P.76　折り紙　トレイ

折り紙とトレイでつくる"ひな人形"。
トレイのマステは楽しく自由に貼ってOKです！

紙袋でカラフル ななめがけバッグ

つくりかた P.77 | 紙袋 | スズランテープ

お買い物ごっこが、もっと楽しくなるオリジナルバッグ。
プチプチシートのフタを付ければ、お買い物も安心！？

こどもつくろう！

レジ袋でふわふわ 手さげかばん

つくりかた P.77 | レジ袋 | 折り紙

シンプルなレジ袋も、顔を描いたり、マステを貼ったりするだけで
とってもかわいい、ふわふわかばんに大変身！

-75-

なかよしひな人形
のつくりかた

用意するもの
- マステ
- 折り紙
- スチレントレイ
- 画用紙
- リボン
- 和紙

1. 折り紙を三角に折る。

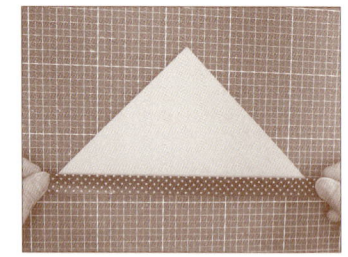

2. 底辺にマステを貼る。

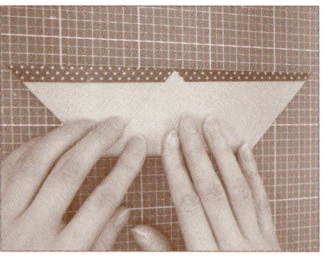

3. はみ出したマステを切り、角を底辺に向けて折る。

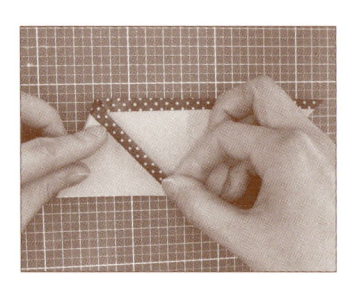

4. 裏返して角を折る。

5. 右も同様に折り返す（※1～5を色違いでもう1枚つくる）。

6. 画用紙を丸く切り、おだいりさま、おひなさまの顔を描く。

7. 6を5に貼り、折り紙の笏（扇）、画用紙の帽子、小さく切った和紙（折り紙）などをそれぞれ貼る。

8. トレイにマステを貼る。

9. おだいりさまとおひなさまをトレイに貼り、裏にリボンを付ける。

かばんのつくりかた

【紙袋でカラフルななめがけバッグ】

用意するもの　・マステ　・小さめの紙袋　・スズランテープ　・プチプチシート

1. 紙袋の持ち手部分を切り取る。

2. 紙袋の幅に合わせて切ったプチプチシートを紙袋の裏側に貼る。

3. マステを貼ってデコレーションする。

4. スズランテープの端を結んでから、マステなどで紙袋の裏側の左右に貼る。

【レジ袋でふわふわ手さげかばん】

用意するもの　・マステ　・レジ袋　・折り紙

1. レジ袋にマステや折り紙などを貼ったり、描いたりして顔をつくる。

2. 余白を残して貼り合わせたマステを袋の下に貼る。

2way ブレスレット

つくりかた P.80　画用紙　カラーゴム

画用紙にマステを貼っただけの、かんたんブレスレット。
文字盤を付ければ、うで時計にもなります。

うで時計に変身！

カラフルめがね

つくりかた P.80　画用紙　カラーセロハン

マステとビーズでカラフルにつくります。
変身ごっこやファッションショーごっこに、いろいろ使えます。

クラフトドーナツ

つくりかた　P.81　　クラフト紙　　ビーズ

思わず食べたくなっちゃう、おままごと用のドーナツ。いろんなマステでデコレーション！

こどももつくろう！

フラワーペーパー パフェ

つくりかた　P.81　　プラカップ　　フラワーペーパー

プラカップにフラワーペーパーをつめれば、おいしそうなパフェの出来上がり！マステのトッピングも忘れずに！

オシャレアイテムのつくりかた

【 2way ブレスレット 】

用意するもの ・マステ ・画用紙 ・カラーゴム

1. 画用紙に6枚くらいマステを貼る。 
2. 縦に細長く、角は丸くして切る。
3. 両端にキリで穴をあけ、ゴムを通して結び、セロテープで補強する。

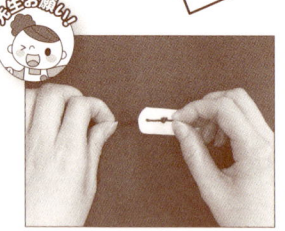

折り紙に文字盤を描いて付けると、うで時計になります！

【 カラフルめがね 】

用意するもの ・マステ ・画用紙 ・カラーセロハン ・輪ゴム ・ビーズやボタンなど ・型紙(P.95)

① 型紙をコピーし、画用紙の上から強くなぞる。 
② 付いた線に沿って切る。 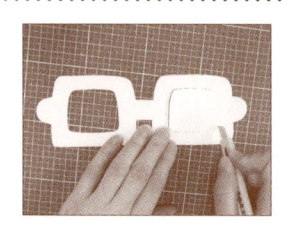
③ カッターでレンズ部分を切り抜く。

1. マステを好きなように貼る。
2. めがねの大きさより少し小さめに切ったカラーセロハンを裏側に貼る。 
3. ビーズやボタンなど立体的なもので表面をデコレーションする。 
4. 穴をあけて、輪ゴムを通し、玉結びをする。

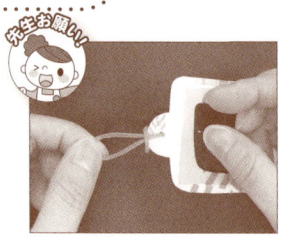

-80-

おままごとスイーツのつくりかた

【クラフトドーナツ】

用意するもの
- マステ（ストライプ柄など）
- クラフト紙　・ビーズやボンテンなど

1. クラフト紙をくちゃくちゃにし、細長く巻く。 
2. 輪っかにし、セロテープで軽くとめる。 
3. 2のセロテープの上からマステをぐるぐる1周巻いていく。 
4. ビーズやボンテンなどでデコレーションする。

【フラワーペーパーパフェ】

用意するもの
- マステ　・透明なプラカップ　・フラワーペーパー
- （小さめの）透明OPP袋　・ビーズやボンテンなど

1. 透明OPP袋にフラワーペーパーを入れて口をとめる。
2. 透明カップの中にフラワーペーパーを何種類か重ねてつめる。 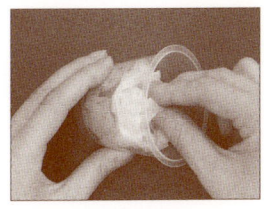
3. 1をのせる。 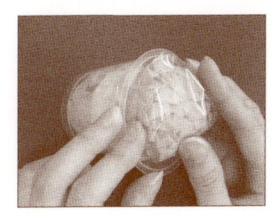
4. 袋の上からマステを貼り、ボンテンやビーズなどで好きなようにデコレーションする。 

-81-

つくって！あそんで！楽しもう！

コップやペットボトルでできるおもちゃたち。
自分でつくれば、楽しさも倍増です！！

うさぎさんの にんじんキャッチ！

つくりかた P.84　プラカップ　ペットボトルキャップ

つくってあそべる第一弾。テーブルホッケーのイメージで、腹ぺこのうさぎさんに"にんじん"を食べさせてあげよう！

くるくるまわそう！ブンブンごま

つくりかた P.85　プラカップ　ビーズ

つくってあそべる第二弾。上手にまわすのはちょっと難しいけど、まわせた時にとってもうれしい！

シャカシャカ鳴らそう！ペットボトルマラカス

つくりかた P.85　ペットボトル　ビーズ

つくってあそべる第三弾。ペットボトルの中にビーズを入れてシャカシャカ楽しく演奏タイム！

こどももつくろう！

あそべるおもちゃ
のつくりかた

【 うさぎさんのにんじんキャッチ！ 】

|用意するもの| ・マステ（オレンジ、緑（にんじん用）など）
・透明なプラカップ　・ボンテン　・ペットボトルキャップ |

【 うさぎ 】のつくりかた

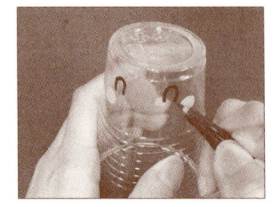

1. ボンドでボンテンを貼って鼻にし、ペンで顔を描く。
2. のりしろ部分を残したマステの粘着面同士を貼り合わせる。 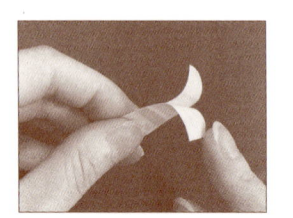
3. 上部を丸く切って、うさぎの耳の形にする。 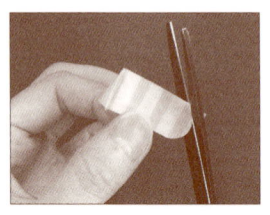
4. 1の上に耳を貼る。 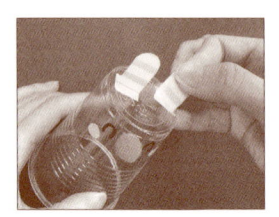

【 にんじん 】のつくりかた

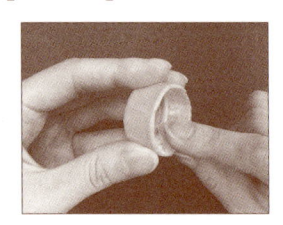

1. ペットボトルキャップ全体にオレンジのマステを貼る。
2. 緑のマステでのりしろを残し、貼る。 
3. 2を2つ用意し、それぞれ3等分位に切る。 
4. 3をのりしろ部分が中央にくるように、全て1に貼る。 

★あそびかた

テーブルホッケーのイメージで相手へ向かってにんじんを打って滑らせます。
打ち返さず、プラカップで「パクッ」と、にんじんをつかまえる（食べる）ことができれば大成功！
腹ペコのうさぎさんに、にんじんをたくさん食べさせてあげましょう。

【 くるくるまわそう！ブンブンごま 】

用意するもの
・マステ　・透明なプラカップ
・ビーズ　・凧糸　・ビニールテープ

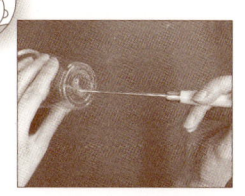

① 透明プラカップを2つ用意し、キリで底に2ヶ所穴をあける。 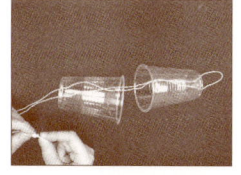
② 穴に凧糸を通して、結ぶ。

1. カップの中ビーズを入れる。
2. 2つのカップをボンドで合わせてから、ビニールテープで巻く。 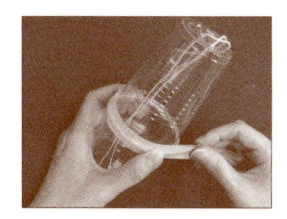
3. プラカップにマステを貼ってデコレーションする。 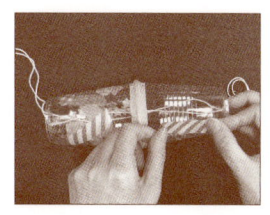

★あそびかた
左右に軽くひっぱって、くるくる回転させます。たくさん回転させたら、一気に左右にひっぱります。うまくまわったら、縮ませたり伸ばしたりして回してあそびます。

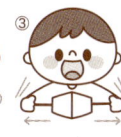

【 シャカシャカ鳴らそう！ペットボトルマラカス 】

用意するもの
・マステ　・ペットボトル
・ビーズ　・片段ボール
・ビニールテープ

1. ペットボトルにマステを貼ってデコレーションする。
2. 1の中にビーズを入れる。 
3. 片段ボールを空洞をあまりつくらずに巻き、ペットボトルの口に差し込む。 
4. ペットボトルの口と片段ボールをビニールテープで固定する。

型紙集 （詳しい使い方はP.5）

Advice 今回作成した大きさの拡大率を目安として載せました。あくまで目安ですので、状況に合わせてお好みに拡大してお使いください。例えば出来上がりを幅6cmくらいにしたいと思った場合、型紙の実寸サイズを計り、幅が3cmだとすると、200%拡大にすればちょうど良い大きさになります。

壁面 メインキャラクター <P.6〜>

拡大目安 380〜400%

メインキャラクターの表情、動きが変えられるよう、いろいろなパターンのパーツをご用意しました。月ごとにいろいろ組み合わせてご使用下さい。

● くま

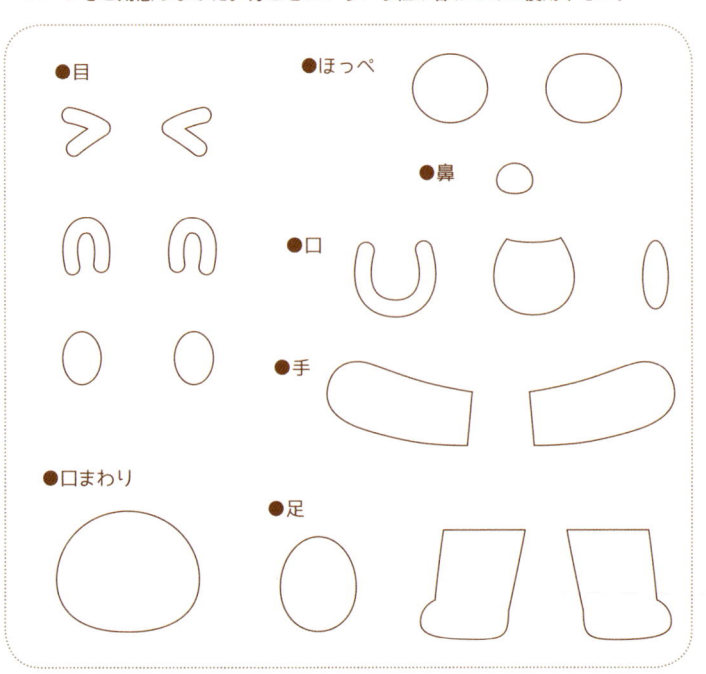

● 目 　　　● ほっぺ　　　● 鼻　　　● 口　　　● 手　　　● 口まわり　　　● 足

● うさぎ

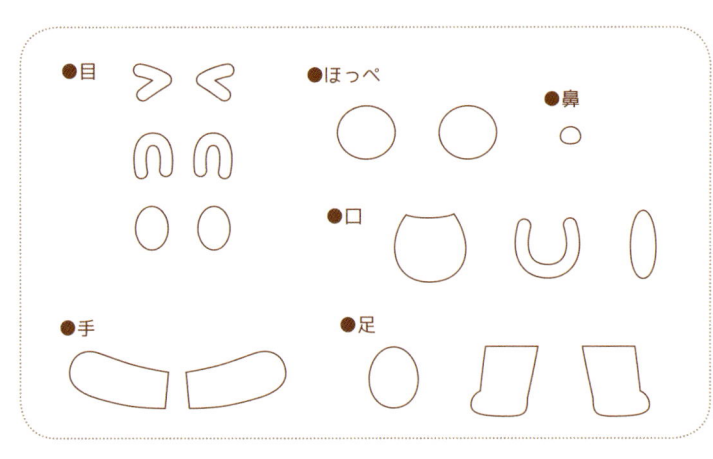

● 目 　　　● ほっぺ　　　● 鼻　　　● 口　　　● 手　　　● 足

●ねずみ

●目　●ほっぺ　●鼻

●口

●手　●足

●月の数字

1 2 3 4 5
6 7 8 9 0

型紙集

-87-

壁面 月別キャラクター
<P.7〜>
拡大目安：150〜200%

● 4月　ちょうちょ

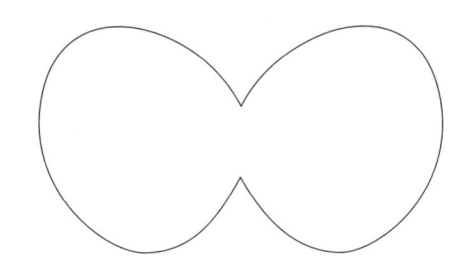

● 5月　こいのぼり（目）

● 6月　かたつむり

● 8月　アイスクリーム

● 9月　どんぐり

● 10月　きのこ

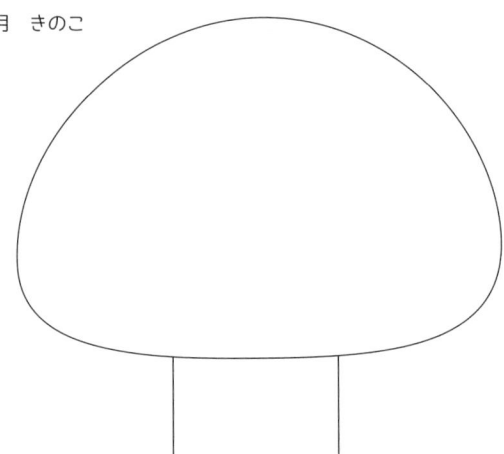

● 11月　キャンディ

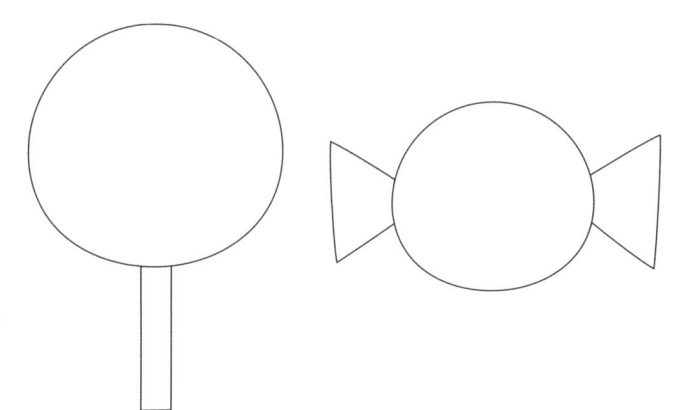

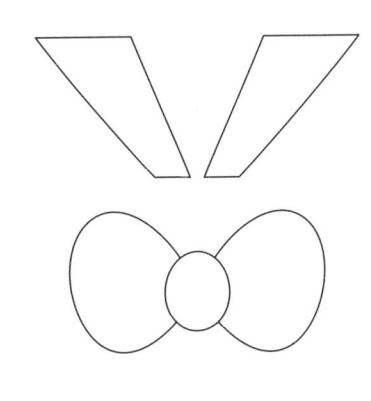

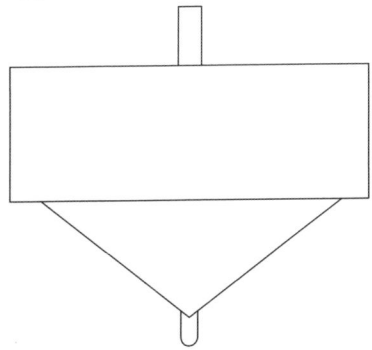

● 12月　プレゼント（リボン）

● 1月　こま

● 2月　オニのつの

● 3月　ひなまつり

型紙集

モビール飾り
<P.14〜>

拡大目安：300%

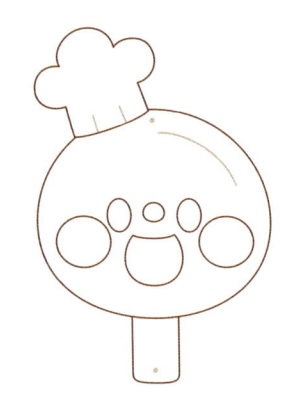

園内のデコレーション
<P.15〜>

拡大目安：280〜350%

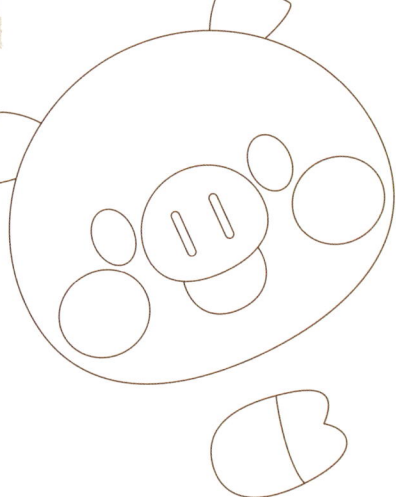

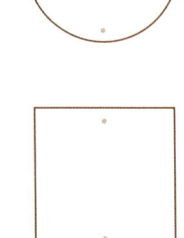

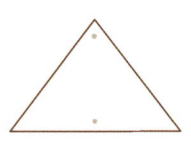

プレート <P.18～>

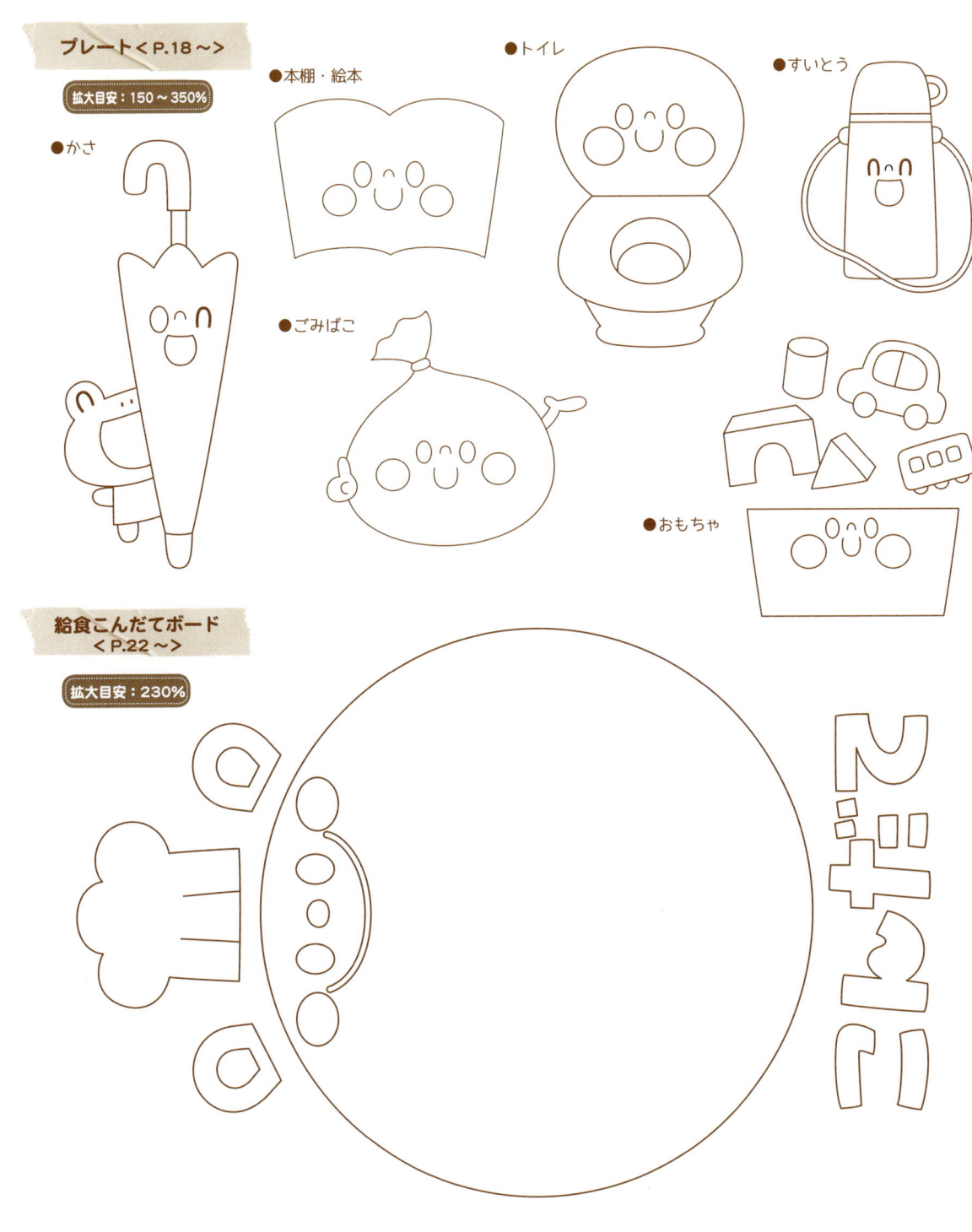

拡大目安：150～350%

- かさ
- 本棚・絵本
- トイレ
- すいとう
- ごみばこ
- おもちゃ

給食こんだてボード <P.22～>

拡大目安：230%

ミニギャン

型紙集

おしらせボード <P.23～>

拡大目安：150%

おたより帳入れ <P.26～>　　拡大目安：200%

小物入れ <P.27～>

拡大目安：200%

ペン立て <P.27～>

拡大目安：170%

カレンダー <P.34〜>　拡大目安：200%

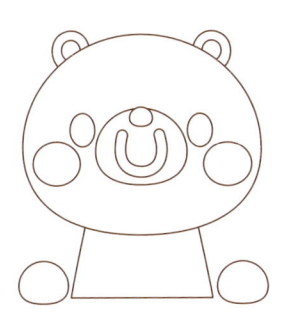

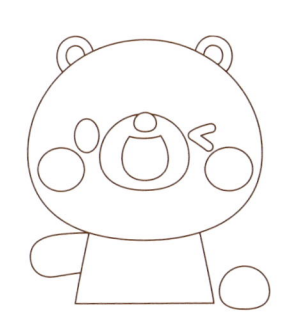

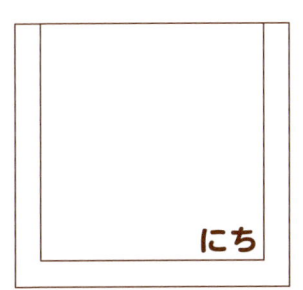

がつ　にち　ようび

入園おめでとう！ペンダント <P.50〜>　拡大目安：160%

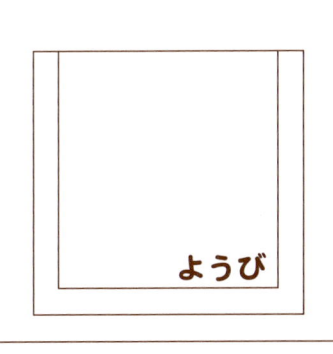

ハンドソープ入れ <P.31〜>　拡大目安：140%

型紙集

Tシャツカード
< P.54～>

拡大目安：160％

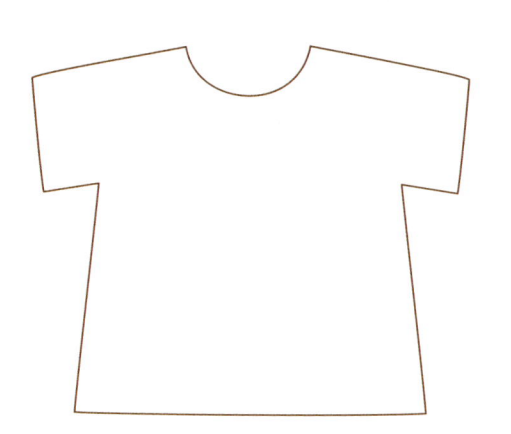

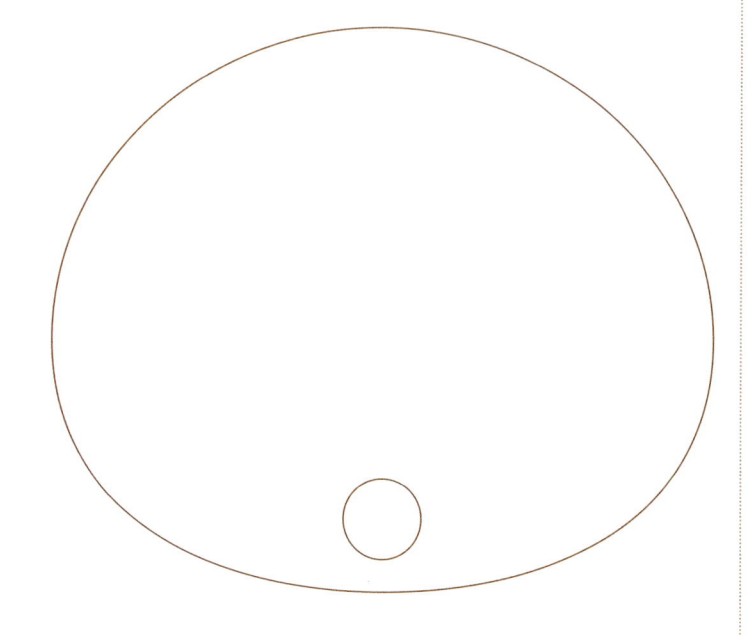

発表会プログラム
< P.58～>

拡大目安：140％

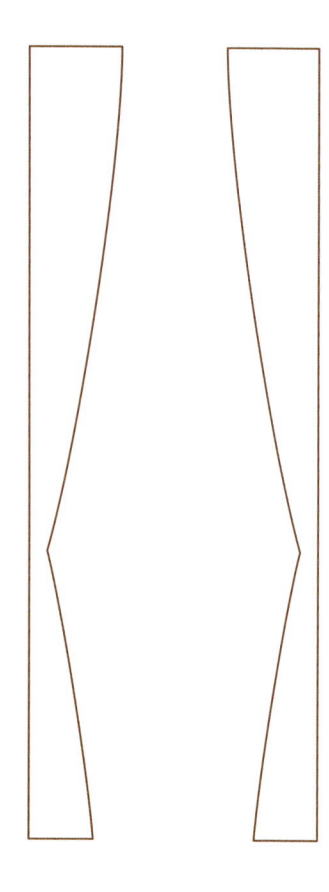

運動会プログラム
< P.59～>

拡大目安：200％

入園式プログラム
<P.59～>

拡大目安：170%

ネクタイ型のストラップ
<P.63～>

拡大目安：170%

カラフルめがね
<P.78～>

拡大目安：170%

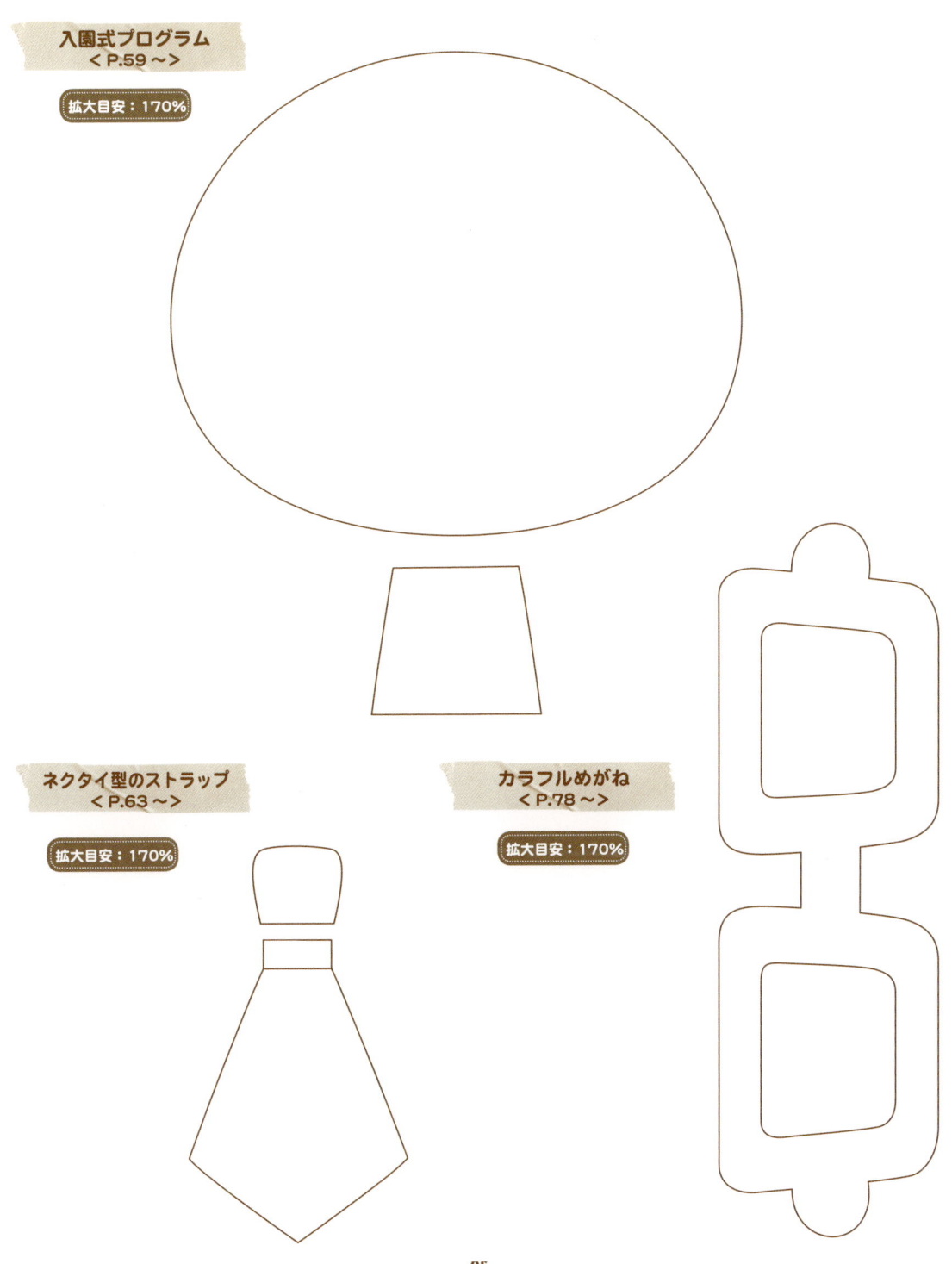

型紙集

● 編著者／イラスト：
イシグロフミカ

短大の保育科を卒業後、幼稚園の先生として働きながらイラストを描き始め、現在フリーのイラストレーターとして活動中。保育・教育関連の雑誌や書籍などで、明るくかわいいタッチのイラストを描く。また、こどもが喜ぶ工作も手がける。

著書に「かわいいえがすぐにかけちゃうほん」「1、2、3 ですぐかわイラスト」（学研）、「親子でいっしょに季節の手作りあそび」（日東書院）などがある。
URL：http://funyani.com

全編イラストを描いた「かわいくたのしいペープサート」（自由現代社・刊）も大好評発売中！

● 本書で使用したマスキングテープについて

本書で使用したイシグロフミカ オリジナルマスキングテープ fünyani は下記サイトにて販売中です。今回、使用していないものも多数ございます。
詳しくは株式会社OTAの運営する、ネットショップ 5th にて！

URL：http://5thzakka.com/
「かわいいマスキングテープと雑貨【5th zakka】」
★ブログ　http://ameblo.jp/5thzakka/
★facebook　https://www.facebook.com/5thmaste

★マステキャンペーン キーワード **khgt0821**

使用画像素材 ©PIEBOOKS / PIE International

マステを使って、先生らくらく！ **かわいい保育グッズのつくりかた** 　定価（本体 1500 円＋税）

編著者／イラスト	イシグロフミカ
表紙デザイン	オングラフィクス
発行日	2014 年 8 月 30 日　第 1 刷発行
発行日	2014 年 10 月 30 日　第 2 刷発行
編集人	真崎利夫
発行人	竹村欣治
発売元	株式会社自由現代社
	〒171-0033　東京都豊島区高田 3-10-10-5F
	TEL03-5291-6221／FAX03-5291-2886
	振替口座　00110-5-45925
ホームページ	http://www.j-gendai.co.jp

皆様へのお願い
出版物を権利者に無断で複製（コピー）することは、著作権の侵害（私的利用など特別な場合を除く）にあたり、著作権法により罰せられます。また、出版物からの不法なコピーが行なわれますと、出版社は正常な出版活動が困難となり、ついには皆様方が必要とされるものも出版できなくなります。私共は、著作権の権利を守り、なおいっそう優れた作品の出版普及に全力をあげて努力してまいります。どうか不法コピーの防止に、皆様方のご協力をお願い申し上げます。

株式会社自由現代社

ISBN978-4-7982-1983-7

●無断転載、複製は固くお断りします。●万一、乱丁・落丁の際はお取り替え致します。